Stefano Bettera

IL BUDDHA ERA UNA PERSONA CONCRETA

Consigli di felicità orientale a uso degli occidentali

Rizzoli

Pubblicato per

Rizzoli

da Mondadori Libri S.p.A.

Published in agreement with Walkabout Literary Agency

ISBN: 978-88-17-13879-6

Prima edizione: aprile 2019

Sommario

Premessa. Le domande di un bambino controcorrente 11
Introduzione. La felicità da Oriente a Occidente 21

Primo passo. Saggezza 33
La meditazione della felicità 53

Secondo passo. Gentilezza 57
La meditazione della gentilezza amorevole 79
Sorriso 83
La meditazione della dolcezza 101
Consapevolezza 103
La meditazione del fiore 119
Ricerca interiore 123
La meditazione del tempo ritrovato 147

Terzo passo. Compassione 149
La meditazione del perdono 167

Quarto passo. Cura 169
La meditazione della montagna 189

Quinto passo. Educazione 193

Conclusioni. Dire sì al mondo 213

Bibliografia 223

Il Buddha era una persona concreta

A tutte le persone libere

Premessa
Le domande di un bambino controcorrente

Tutti siamo fatti di storie. Alcune reali, altre immaginarie, che ci raccontiamo per sentirci a nostro agio nel mondo.

La storia di questo libro è quella di una ricerca, iniziata quando ero bambino. Mi sono sempre piaciute le domande, quelle scomode ancora di più. Le risposte meno, soprattutto quando cercavano di convincermi, quando non le trovavo sensate. La mia curiosità non sempre è stata accolta come una qualità: non che fossi un bambino impertinente, solo che non ho mai amato le convenzioni e mettevo spesso in discussione i luoghi comuni.

Mia nonna era una persona semplice. Aveva frequentato i primi due anni della scuola elementare, poi il suo viaggio nel mondo della cultura era finito, perché era stata costretta a lavorare per avere di che sfamare i due fratelli più piccoli. Tuttavia, mi raccontava sempre le storie della sua terra, della sua famiglia, una famiglia di contadini, mi confidava i suoi sogni. Storie come "La favola dell'oca che è bella ma è poca, vuoi che te la racconti?", e il mio incanto era totale. A modo suo, ma quelle storie erano una magia da cui non mi sarei mai separato. Già allora rincorrere sogni era per me un richiamo irresistibile. Quei momenti, quei racconti, rappresentavano la vita. E mi facevano venire in mente mille domande, che lei ascoltava con pazienza e a cui rispondeva, con un sorriso capace di scacciare ogni mia paura. Stavo seduto a guardarla lavorare per ore, china per la fatica, e osservavo con gli occhi sgranati quel mondo che si svelava a ogni sua parola.

Poi arrivò il tempo della scuola. Due episodi in particolare rivelano il bambino che ero e l'uomo che sarei diventato. A sei anni, primo mese delle elementari, la direttrice della scuola Leonardo da Vinci mandò a chiamare i miei genitori, preoccupata: le mie incessanti domande avevano messo in crisi l'insegnante di religione, che cercava di persuadermi a credere ai dogmi della fede. Ne derivò un rimprovero non troppo convinto, più sulla forma che sui contenuti, e l'esenzione dal frequentare quelle lezioni. Dal mio punto di vista l'obiettivo era raggiunto. La giovane educatrice tirò un sospiro di sollievo, ma la mia sete di risposte non si placò.

Qualche tempo dopo, quando di anni ne avevo dieci, fu il momento di scegliere l'istituto dove avrei frequentato le medie. La speranza, di mia mamma soprattutto, era che una "scuola come si deve" avrebbe potuto in qualche modo quietare la mia testardaggine inquisitoria e così venni portato al cospetto del rettore di un famoso collegio cattolico per un colloquio esplorativo. Non mi spiegavo perché, in una famiglia come la mia, che con la Chiesa non è mai andata molto d'accordo, qualcuno avesse visto in questa opzione un'opportunità, ma dopo pochi minuti di confronto ecco l'illuminazione e la conferma dei miei peggiori sospetti: come un pugile alle corde, il reverendo preside ringraziava cordialmente ma rispediva al mittente. Niente da fare, sentenza irreversibile con buona pace delle aspettative familiari: non ero proprio tagliato per contesti in cui regole e convenzioni la facevano da padrone. Lo ringrazio ancora oggi per il gentile diniego, necessitavo della libertà e del confronto, possibili solo in una scuola pubblica. Lì avrei trovato la mia dimensione. Si fa per dire.

Ecco quindi il tempo del liceo, dell'università, del giornalismo e poi… e poi… erano tutti anelli di una catena fatta per dimostrare che ero all'altezza dei traguardi alla mia famiglia, una famiglia di persone semplici, di lavoratori onesti. Dovevo farcela, dovevo andare oltre. Questo era il mio imperativo di quegli anni. Il sottile ricatto del riscatto. Non pensavo, allora, che l'unico traguardo che mia nonna mi avrebbe augurato di raggiungere era solo quello di essere felice. Anche al liceo la musica non cambiò. A quell'età, se sei una persona che non accetta facilmente le convenzioni, finisci per non essere molto popolare.

Diciamocelo: a me sono sempre piaciuti gli irregolari, di ogni genere e grado. Perché non c'è nulla che abbia mai amato di più della libertà e niente che mi abbia annoiato tanto quanto la mancanza di fantasia. Nelle domande ho sempre sentito la poesia della vita che ti scorre nelle vene, nelle risposte un principio di claustrofobia. E non c'era nulla di più imperdonabile di un'esistenza priva di poesia. Il mio problema era che per stare dietro a questa propensione a rompere gli schemi e a stare sempre dalla parte dei cercatori, disperdevo una quantità industriale di energie in strategie non sempre così sagge. Confondevo spesso la forma con il contenuto e la ribellione con l'indipendenza, la fermezza e l'integrità.

Per non farmi mancare nulla, avevo anche fondato un gruppo rock con altri amici, altrettanto ribelli. Erano anni in cui la politica ancora infiammava gli animi. Ogni occasione era buona per uno sciopero o un'occupazione e per gridare in faccia al mondo tutta la propria frustrazione.

Continuavo a essere incantato dalle domande, dalle novità, dalla scoperta e dall'ascolto, come la febbre malarica, che non sparisce mai del tutto, una volta che la zanzara ti ha iniettato il virus. Allo stesso tempo, però, ricercavo quella generosità, e quella dolcezza di cui mi ero imbevuto ascoltando i racconti di mia nonna, una donna che aveva dedicato ogni istante della propria vita agli altri, senza protagonismo, con discrezione. Sapevo che quella era la strada, anelavo a essere come lei, ma non riuscivo a coniugare la voglia di fare domande con la frustrazione dovuta al fatto che gli altri potessero esserne infastiditi.

Ero sempre controcorrente, ma senza avere un'idea precisa di dove mi stesse portando quell'atteggiamento. Mi conoscevo poco ed ero spaventato, perché stavo combattendo una guerra interiore tra il mio essere fiducioso per natura e l'ingiustizia dell'umiliazione. Divoravo libri, storie, esperienze e, ovviamente, continuavo a fare infinite domande. Avevo sempre avuto lo spirito irrequieto del giornalista, fin da quando avevo visto *Tutti gli uomini del presidente*, il film in cui Robert Redford e Dustin Hoffman interpretano i cronisti che portarono alla luce il caso Watergate. Quelli erano il coraggio, la testardaggine, l'incoscienza in cui mi riconoscevo. Ed ero convinto che soltanto dopo aver accumulato sufficiente conoscenza sarei stato al sicuro, avrei trovato pace.

Stavo diventando intollerante, ma capivo che c'era qualcosa che non andava, che la risposta era altrove.

Finito il liceo, vennero gli anni dell'università, gli studi di filosofia, di economia e poi ancora la politica e le giornate nelle redazioni dei giornali o in giro, alla ricerca di notizie. A muovermi era lo spirito incosciente di chi fa questo mestiere perché crede nel Sacro Graal della libertà di informazione e opinione e si getta nella mischia a testa bassa. Come unico faro, le proprie indomite convinzioni.

A questo punto avevo due possibilità: invertire la rotta e imparare ad aver cura di me o continuare a girare a vuoto e soffrire. Avevo sempre nutrito una sorta di istintiva simpatia verso questo percorso, questa indagine, questo modo di essere che solo più tardi avrei compreso essere la pratica buddhista. Non che mi fosse sconosciuta: la casa dei miei genitori e dei miei nonni era un porto di mare, nella loro semplicità erano sempre stati aperti e generosi e accoglievano chiunque, di qualunque luogo e qualunque cultura.

Ricordo che avevo tre anni quando mio padre, con mio totale stupore e iniziale disappunto, mi mise in braccio a un suo amico e collega, venuto a trovarci dal Gabon. Un africano più nero della pece, vestito come un principe colorato nel cuore della Milano degli anni '60, era uno spettacolo piuttosto insolito, ma quell'abbraccio e la fila infinita di denti bianchi del suo sorriso mi convinsero subito che il diverso ha molto da offrire.

Il buddhismo entrò nella mia vita solo molti anni dopo, più o meno casualmente. Ne parlavano gli amici del liceo e i libri che leggevo e un gruppo di monaci aveva aperto un centro poco distante da casa mia. Quando li incontravo per strada, mi stupivo della mia istintiva simpatia verso la loro serenità. Gotama, come i filosofi greci, era un altro di quegli irregolari verso cui nutrivo un senso di profonda vicinanza e rispetto. Non per l'aura di mistero orientale o la saggezza trascendente che spesso fanno parte dell'immaginario buddhista, ma proprio per la sua calorosa e serena umanità.

Intuii che quella poteva essere l'occasione per rompere gli schemi. Questa volta i miei. Ma dovetti superare la boa dei vent'anni per capire che avevo l'impellente bisogno di trovare una via d'uscita. Così iniziai a esplorare. Un po' come fanno in tanti, cercando, incontrando, studiando, viaggiando, e con lo stile che mi era sempre appartenuto, cioè facendo molte domande. Fu così che mi presentai a uno dei primi grandi raduni organizzati per accogliere il Dalai Lama in Italia.

Lui e i suoi monaci erano chiusi nel palazzetto che ospitava l'incontro fin dalle prime ore del mattino, a recitare mantra e preghiere. Non ho mai creduto alle manifestazioni del soprannaturale, ma quella mattina, appena uscito dalla metropolitana, quando udii il suono di quel canto che arrivava da lontano, ebbi una specie di illuminazione. Mi sentii trasportato in un altro mondo, in un'altra epoca, in un'altra dimensione. Accettai di buon grado la carezza di quel momento di spiritualità così intensa e immaginai cosa potesse significare trovarsi in un monastero tra le montagne del Tibet o del Giappone. A essere sincero, all'epoca avevo ancora un'immagine piuttosto stereotipata del buddhismo, ma c'era un sussurro, una voce di fondo, oltre il rumore dei pensieri, che mi parlava. Per la prima volta, forse, mi sentii a casa. Era una sensazione allo stesso tempo destabilizzante e piacevole, un salto nel vuoto, ma avvolto da un calore che mi faceva sentire protetto. E poi trovavo sorprendente la facilità con cui migliaia di persone si sorridevano e dimostravano la volontà di essere empatici, gentili. Dovevo saperne di più. Ma ebbi subito chiaro che sarei stato davvero libero quando fossi riuscito a coniugare questo percorso con ciò che avevo nel cuore. E la chiave stava proprio lì, davanti ai miei occhi: integrità.

La vera chiave di volta, l'esperienza che più delle altre mi restituì il senso della parola "compassione" fu l'incontro, alla fine degli anni '90, con Bernie Glassman, maestro buddhista americano, fondatore degli Zen Peacemakers. Il ritiro durò quattro giorni e fu all'insegna di tre parole d'ordine, che ancora oggi rappresentano, in gran parte, il mio modo di vivere questo percorso: portare testimonianza, non conoscenza e azione amorevole. Ci sedemmo in circolo ed esplorammo a fondo quali elementi del nostro agire erano motivo di divisione e quali, invece, occasione di ritornare integri e intervenire, per guarire le ferite del mondo. Questo era il buddhismo che cercavo, non nell'immaginario di un Oriente lontano, ma qui, nelle strade della mia città, nelle dinamiche di questa società.

A distanza di molti anni dall'inizio di questo viaggio, la mia ricerca di un percorso di pratica adatto ai nostri giorni continua insieme a nuovi amici, come Stephen

Batchelor e il gruppo del Bodhi College, cui mi lega un grande affetto e una comune sensibilità. Sono sempre convinto che la conoscenza liberi gli uomini e che le domande abbiano un ruolo centrale, ma se non riescono a renderti gentile e ad aiutarti a prenderti cura del mondo, sono solo causa di conflitto e separazione, in primo luogo da noi stessi.

Non ho smesso di fare domande, ma cerco di fare in modo che siano sempre improntate alla gentilezza. So che mia nonna, Gotama e tutti gli altri liberi pensatori della mia infanzia sono lì seduti, mi guardano con tenerezza e dicono: «Eccoti finalmente». Loro avevano già capito chi ero.

Questo libro parla di felicità, saggezza, gentilezza, di cura e generosità. Ma, in fondo, racconta una storia, la storia della mia personale rivoluzione gentile. Lo fa, naturalmente, nel modo che mi è più consono e cioè ponendo domande. Ricordatevi, comunque, che sono pur sempre parole. Per quanto intense e affascinanti, le parole non sono l'esperienza, così come la zattera non è il fiume e il dito non è la luna, per citare un'immagine tanto cara alla tradizione zen. Per dirla con il filosofo francese Michel Onfray, «le parole travestono le cose e mediano un reale che, non appena lo si nomina, sfugge».[1] Ma come ogni scrittore vivo di parole e queste sono il mio tramite per giungere a voi. Ho fatto il

[1] Michel Onfray, *Cosmo: un'ontologia materialista*, Ponte alle Grazie, Milano 2015.

possibile per raccontarvi al meglio e con onestà questo cammino. Ma ognuno ha i propri interrogativi, le proprie parole, sicuramente diverse dalle mie.

Qui sta il bello della sfida. Voi prendetela come una chiacchierata aperta tra amici sinceri e godetevi il viaggio!

Introduzione
La felicità da Oriente a Occidente

Epicuro era un filosofo. Pure Gotama, il Buddha, lo era, anche se non siamo abituati a considerarlo tale. Il primo ragionava più per concetti, il secondo, probabilmente, più per immagini, ma a entrambi stava a cuore, sopra ogni cosa, la ricerca della felicità.

Ciò che infatti contraddistingue proprio la ricerca filosofica è certamente l'amore per la saggezza e, soprattutto, la critica verso ogni forma di verità dichiarata. In questo senso, Gotama, come il pensatore greco, metteva in guardia dall'aderire a qualsiasi determinismo e a diffidare da qualunque idea che non fosse viva e problematica, ma proponesse una visione definitiva del mondo.

Sia Gotama sia Epicuro ne hanno fatto una pratica ed esortavano gli uomini a incarnare questi percorsi, non solo a comprenderli. La vita, nella sua complessità, è al centro del loro insegnamento. E lo stesso vale per altri pensatori greci quali Socrate e Pirrone o per il latino Lucrezio: costoro possono senz'altro essere iscritti al medesimo club, quello dei cercatori scomodi e controcorrente, degli uomini liberi, degli amanti del viaggio più che della destinazione.

Questo libro parte da qui, è un viaggio alla scoperta di ciò che per questi uomini significava "saggezza". Dunque non di una, ma di diverse "saggezze", multiformi ma caratterizzate da un unico sapore, quello della libertà e dell'autenticità. Un viaggio quindi, in cui l'Oriente e il metodo di pratica insegnato da Gotama si intrecciano alla tradizione del pensiero che si è sviluppato sulle sponde del Mediterraneo e in Occidente. Una ricerca che passa da altri uomini liberi, che del proprio cammino hanno fatto prima di tutto una pratica vissuta e incarnata senza ipocrisie, senza mediazioni, con impegno. Uomini come Nietzsche, per esempio, la miccia e il detonatore dello spirito nuovo della nostra modernità, come Camus o come Michel Onfray, coraggiosi araldi del libero pensiero.

Questo libro si divide in tre aree logiche e vi offre un metodo, che vedrete dispiegarsi capitolo dopo capitolo e che prevede cinque punti, cinque passi, cinque strumenti cui è associato un tema, una qualità o una pratica da sviluppare.

La prima parte consiste in una ricerca delle saggezze antiche, per trovare in esse gli elementi comuni che possono contribuire alla nascita di una pratica moderna e viva.

La seconda parte mostra i primi tre passi, quelli che riguardano lo sviluppo delle qualità e delle condizioni che consentono di accedere alla saggezza e iniziare il cammino, ovvero la gentilezza e la compassione.

La terza parte riguarda infine l'azione, la messa in pratica del metodo, l'allargamento dello sguardo al mondo, e quindi gli ultimi due passi: il quarto, la cura, e il quinto, l'educazione.

Tutti questi passi rappresentano la strada che ho imparato a percorrere finora, la mia esperienza. Ora li offro a voi.

Poco fa ho parlato di Occidente e Oriente, ma in realtà credo che esista una sola saggezza, che va oltre gli stereotipi delle culture, il cui incontro permette il dialogo e fertilizza il terreno sul quale costruire il presente e il futuro. In un mondo globale, dove la contemporaneità non è più solo dei costumi ma anche dei processi mentali, non possiamo che scegliere di abbattere il "muro" e avviare una contro-narrazione della storia dell'incontro tra due culture che poi non sono così distanti tra loro. Per dirla con le parole del filosofo francese François Jullien, le diverse espressioni culturali più che identità sono risorse da mettere sul tavolo di un comune procedere umano.

In questo libro non userò spesso, se non dove strettamente necessario, termini come "filosofia" oppure Dharma. Piuttosto ricorrerò a definizioni come "pensiero", "percorso" o "ricerca". Credo, infatti, che il viaggio che stiamo per intraprendere debba parlare il più possibile la lingua della quotidianità, non per una questione di mera semplificazione, ma come scelta di indirizzo, di prospettiva, di metodo, e per ribadire la convinzione che il pensiero, comunque lo si voglia definire, non è appannaggio dei professionisti e delle istituzioni culturali né tantomeno prigioniero dei contesti sociali in cui viene generato o dei dogmi delle religioni. Per essere un pensiero vivo, attivo, pragmatico, deve piuttosto incarnarsi nel reale, nella vita di ciascuno di noi, nell'immediatezza dell'agire. La strada che stiamo per percorrere è lastricata di domande, sfide, interrogativi e non di certezze.

Per ciò che riguarda l'aspetto dell'insegnamento di Gotama, desidero chiarire che questo libro non prende in considerazione il buddhismo in quanto sistema religioso, perlomeno non nel senso di un sistema di credenze. Pertanto, proprio per coerenza con l'impostazione data dal Buddha alla sua sfida, l'indagine non parte dal punto di vista e dal confronto con altri sistemi di credenze metafisiche e trascendenze di vario genere. Quello che mi interessa, invece, lo ripeto, è l'esperienza del vivere, pienamente e autenticamente, e quindi le proposte, le intuizioni, il cammino di tutti quei pensatori liberi che hanno cercato una via verso l'immanenza.

Questo è l'obiettivo della mia attività di scrittore:

calare la ricerca, le intuizioni felici, il pensiero, le idee, gli spunti nell'esperienza, nella pratica, in qualcosa in cui ognuno di noi può riconoscersi. Da qui nasce l'urgenza di un percorso totalmente secolare, nel senso non tanto di laico in contrapposizione al religioso quanto di una ricerca che parla all'oggi, a questo tempo.

Più sono andato in giro a parlare del mio lavoro e di queste idee, più mi sono reso conto di quanto questa esigenza sia diffusa un po' ovunque, magari con presupposti apparentemente diversi ma con una medesima prospettiva: quella di trovare un modo più autentico di relazionarsi agli altri e alla propria realtà. Se c'è una forma di spiritualità cui posso aspirare credo che questa sia la più alta, la più profonda, di certo quella che più mi appartiene, quella capace di rispondere alle mie istanze. La specificità dei pensatori greci o di Gotama, così come di molti altri che hanno ripercorso i loro passi fino ai giorni nostri, sta proprio nell'aver tenuto viva la tensione tra azione e pensiero, non tanto nell'aver cercato delle risposte quanto, piuttosto, nell'aver elaborato delle domande. Una tra tutte: come posso relazionarmi con questa vita che mi trovo a vivere in modo da poter essere veramente felice? Questo libro, dunque, non è un compendio fedele di idee o intuizioni, non ha alcuna pretesa di sintesi. Di per sé i concetti, le idee, i punti di vista, se non diventano strumenti utili a trasformare la vostra vita, rischiano di trasformarsi in pergamene ingiallite da sigillare in qualche bacheca.

Wittgenstein sosteneva che quando qualcosa non si può esprimere è meglio tacere, ma la sua non era un'apologia del silenzio, bensì la volontà di affermare che ciò che non si può dire occorre viverlo, non semplicemente immaginarlo. Ecco, questo libro è un'esortazione a vivere, a guardare la vostra vita e abbracciarla con gentilezza e compassione, qualunque essa sia. A dire sì a ciò che è necessario per aspirare alla felicità e alla libertà. Come diceva un maestro zen, se non siete in grado di parlare delle vostre idee in modo che anche un pescatore possa comprendervi, allora non sapete di cosa state parlando. Non si tratta dunque di rendere la ricerca banale o superficiale, ma di smetterla di credere che un pensiero elaborato in modo oscuro o incomprensibile nasconda una verità tanto preziosa da essere inaccessibile ai più. Personalmente ho sempre creduto che complicare ciò che si può esprimere in modo chiaro sia in prevalenza un vezzo, e piuttosto noioso oltre che poco utile. Il compito del pensatore, invece, è quello di mescolarsi all'umanità, di immergersi nel tempo, un tempo immanente che percepiamo, cerchiamo e sentiamo sfuggirci, con una malinconia struggente. Il nostro compito di pensatori liberi è quello di indagare, stimolare, smontare le certezze, entrare nella corrente per andarle contro, di essere il tafano, come Socrate definiva se stesso, pronto a infastidire i propri concittadini per risvegliarli dal loro torpore, anche a costo di essere scacciato, anche a costo della vita. Perché questa ricerca si lascia la paura alle spalle.

Affrontare e gestire le emozioni non è sempre facile e il modo in cui lo facciamo ha profonde ricadute sulla nostra vita e sulla società. Da dove nascono la rabbia, la delusione, la solitudine? Come si possono affrontare momenti difficili come il lutto o la malattia? Dove cercare le parole giuste per spiegare le offese, il disagio, il senso di sconfitta e di precarietà? Il pensiero dei grandi cercatori ci offre strumenti e insegnamenti che possono farci da guida. Meditazione, consapevolezza, ascolto, rispetto, compassione sono i "cartelli indicatori" che aiutano a trasformare ogni circostanza in un'occasione di dialogo e sfidano la mente ad assumere una nuova prospettiva, lasciando aperta la porta allo stupore.

La gentilezza, la cura e la compassione sono dunque centrali in un percorso di pratica e di ricerca. Costituiscono infatti una nuova prospettiva attraverso la quale possiamo scegliere di relazionarci con il vissuto emotivo, per riflettere su di esso tramite il ragionamento, l'attenzione e la consapevolezza. L'esame su ciò che accade dentro di noi non è quindi pura teoria, ma si cala nel reale e lo fronteggia per scegliere se reagire a esso o rispondere. La scelta tra queste due opzioni, reagire sotto l'impulso dell'istinto o rispondere guidati dalla consapevolezza e dalla saggezza, è determinata da quanta gentilezza, cura, compassione ci concediamo di introdurre nell'analisi della nostra esperienza e delle opzioni che intendiamo mettere in pratica.

Il pensiero di Gotama in questo non si discosta da quello di Epicuro, Lucrezio, Socrate, nel mondo antico, o di Proust, Montaigne e Nietzsche, per citare alcuni tra i cercatori più moderni. Il famoso detto zen «Se incontri il Buddha per la strada uccidilo» o l'affermazione socratica «So di non sapere» non sono quindi tentativi di spostare il piano della comprensione della realtà verso una dimensione mistica o metafisica, quanto, piuttosto, l'esortazione a usare la ragione per non fermarsi a ciò che viene convenzionalmente accettato come vero, a immergersi in ciò che accade da una prospettiva immanente e al contempo razionale, che includa l'aspetto spirituale ed emotivo in modo da creare uno spazio di non reattività fondamentale per entrare in contatto profondo con la vita.

La «confidenza lucida negli insegnamenti» di cui parla Gotama rivela proprio questo tipo di atteggiamento interrogativo nei confronti dell'esperienza e pone in evidenza l'elemento della lucidità, per sottolineare il fatto che i canali per comprendere i suoi insegnamenti sono l'attenzione, la consapevolezza, il confronto e il ragionamento. La stessa cosa sostengono, ad esempio, Socrate, Epicuro o Pirrone: il loro approccio scientifico non è una semplice polemica nei confronti dei sistemi di fede, ma un modo per affermare la profonda connessione tra la dimensione del pensiero e il reale.

In quest'ottica, l'importanza che il respiro e il corpo assumono nelle pratiche meditative è da intendersi non come una pratica ascetica, ma come la possibilità di aprirsi a una presenza mentale che rappresenta una condizione essenziale per la comprensione di come stanno le cose sul piano dell'esperienza e della testimonianza individuale.

È il sé infatti ciò che determina il modo in cui relazionarsi a esse, ciò che sceglie di amare ciò che ci vuole e di dire sì alla vita. Questo tipo di contatto profondo con l'esistenza non può che sorgere da una prospettiva di gentilezza e cura, perché queste qualità ci rendono consapevoli della preziosità e unicità della vita e ci consentono questo afflato, l'amore e la felicità. Decidere di estendere la ricerca e l'opportunità di beneficiarne a tutti serve a costruire un contesto etico, in cui le relazioni sono impostate, appunto, sulla gentilezza, sulla cura e sulla compassione.

Allo stesso modo oggi, in un mondo che è sempre di corsa, sempre meno attento e consapevole, sempre più dominato da stress e competizione, la gentilezza e la cura sono la vera rivoluzione. Occorre perciò dare loro centralità e trovare un nostro modo per esprimerle, per farne una pratica. C'è un bisogno profondo di un gesto gentile, di un sorriso, della capacità di aprire il cuore e ascoltare davvero: basta poco per trasformare il nostro tempo, la nostra vita e quella di chi incontriamo.

Questa può essere la chiave per vivere una vita autentica e offrirsi la possibilità di una felicità più vera, e la pratica buddhista, come la filosofia epicurea, ci insegna che questa strada non solo è percorribile, ma è già stata percorsa e funziona. Tutti possono scegliere di vivere pienamente, di essere gentili e più felici, giorno dopo giorno, passo dopo passo: ciascuno di noi può dare il via a questa rivoluzione gentile. Ora.

Lo scopo di questo libro è allora quello di condurvi alla scoperta di alcuni degli aspetti fondamentali per "innaffiare" la ricerca e la pratica e far sì che fioriscano gli elementi che possono davvero essere trasformativi.

Queste pagine vogliono anche offrire una suggestione, un'ipotesi, un nuovo modo di accostarsi a queste tradizioni di pensiero, considerandole strumenti utili a tracciare una linea ideale di valori, di prospettive condivise e a fondare un nuovo modello di convivenza relazionale. La gentilezza e la cura, più che princìpi astratti, sono pratiche da agire e da reinventare in base alle condizioni concrete della vita quotidiana. Imparare a essere gentili, in primo luogo verso se stessi, si può ed è un'arte da coltivare ogni giorno. E come ogni arte, è un modo per permettere all'energia normalmente nascosta dalla confusione dei pensieri di emergere e risplendere.

Praticare la sensibilità gentile serve dunque anche a far fiorire la nostra immaginazione e la nostra libertà. Una libertà possibile solo se guardiamo davvero dentro noi stessi e cominciamo ad aver cura dei nostri limiti, dei nostri errori, dei nostri sogni, con consapevolezza e attenzione. Vivere nella serenità, nella felicità profonda, si può ed è a portata di mano. Basta fare un sorriso e dire: «Sì, questo è ciò che c'è e va bene così!».

Non ho alcuna pretesa di ingaggiare una polemica con chi di queste forme di saggezza ha una visione radicalmente diversa e altrettanto rispettabile. Il mio piuttosto è un percorso vivo, un'esperienza di cammino su una strada già percorsa da tanti altri pensatori. Vorrei che fosse un tentativo di condividere un'esperienza, di instaurare un dialogo tra coloro che sono animati della mia stessa curiosità e queste suggestioni, con le quali io stesso per lunghi anni ho dialogato. Le domande, la sfida a guardare le esperienze da una prospettiva diversa, la ricerca, il mettersi in gioco senza dare nulla per scontato, facendo dell'amore per la saggezza una pratica che ci aiuti a diventare compiutamente umani: questi sono gli ingredienti e lo spirito che animano il "viaggio" che stiamo per fare.

Ho cercato di portare nelle pagine che leggerete il battito del cosmo, di raccontarvi la rivincita di Dioniso su Apollo, dell'immanenza sull'astrazione, della gioia della vita su ogni genere di pulsione di morte.

Questo libro è un inno, un'esortazione a diventare ciò che siamo, a vivere non una vita immaginata o disincarnata ma una vita compiuta, una vita messa in pratica, una vita filosofica! È una valigia davanti alla porta che ci ricorda che è ora di partire, è il racconto diverso della storia di coloro che si sono confrontati, in primo luogo, con le proprie domande, con la propria condizione. È una conversazione dalla quale spero sorgano delle domande, le vostre come le mie.

Come diceva il capitano Kirk in *Star Trek*: «Spazio, ultima frontiera. Questi sono i viaggi dell'astronave *Enterprise* alla ricerca di mondi sconosciuti». Se desiderate essere i pionieri della vostra vita, abbiate coraggio: non vi resta che partire e scoprire la vostra ultima frontiera. E dunque, leggete con spirito curioso, aperto, anche provocatorio. Soprattutto gioite e siate liberi!

Primo passo
SAGGEZZA

Cerca il nirvana e parti da lì

Oh me, oh vita!
Domande come queste mi perseguitano.
Infiniti cortei di infedeli,
città gremite di stolti,
che v'è di nuovo in tutto questo?
Oh me, oh vita!
Risposta:
che tu sei qui,
che la vita esiste e l'identità,
che il potente spettacolo continua
e che tu puoi contribuire con un verso.
Quale sarà il tuo verso?

Walt Whitman

«Carpe diem», cogli l'attimo, diceva il poeta latino Orazio. Un'esortazione a vivere pienamente, a godere della ricchezza della vita, a raccogliere, come facevano i contadini, con delicatezza e saggezza, i frutti del lavoro quotidiano. È un invito ad apprezzare la gioia di essere vivi. Ma anche un consiglio: avendo consapevolezza del valore della vita, non bisogna sprecare la bellezza che ogni attimo racchiude. Bisogna ricordarsi di non consumarla, di essere vigili, saggi, di scegliere ciò che ci rende felici al posto di ciò che ci allontana dall'autenticità, dall'integrità.

Perché partiamo proprio da questa esortazione, così decisa e intensa, in questo nostro viaggio? Perché questa è la domanda che ognuno, prima o poi, si trova ad affrontare: come posso essere felice davvero, qui ed ora, esattamente come sono? Da dove inizio a cercare la mia strada?

Quando avevo meno capelli grigi, il mio approccio a questa domanda era ambivalente. Da un lato ero attratto dalla pacatezza profonda di figure come i filosofi antichi o il pescatore di *Il vecchio e il mare* di Hemingway. Le loro barbe bianche, il viso solcato dalle rughe e dai segni di una lunga vita, mi davano speranza e senso di sicurezza. Mi sembravano nonni ancora brillanti che conoscevano i segreti per non cadere nelle trappole che il mondo di oggi ci tende. Uomini che la sapevano lunga. Dall'altro, l'attrazione verso i personaggi maledetti, gli irriverenti e testardi che andavano controcorrente era troppo forte per un ragazzo alla scoperta della vita e con il fuoco sotto i piedi. Citando Woody Allen, «ero un ragazzo relativamente normale per uno cresciuto a Brooklyn».

Ma c'era una storia che aveva per protagonista un mio antenato che mi ha sempre indotto a riflettere in cerca di una risposta definitiva.

Si trattava di un parente del nonno che aveva fatto fortuna negli Stati Uniti, durante il Proibizionismo, il cugino Pietro. Pare che avesse lasciato Montecchio, il suo paese in Emilia, in circostanze non molto chiare, per arruolarsi niente meno che nella banda di Lucky Luciano, uno dei più noti gangster dell'epoca. Ebbene, un giorno, in paese si sentì un rombo provenire da lontano. Gli abitanti incuriositi scesero in piazza e sulla strada principale videro comparire una limousine di quelle che si vedono nei film, nera, decappottabile. In piedi sul sedile, come un eroe romano sulla biga, il redivivo emigrato, in un impeccabile gessato grigio di Londra, riapparso dopo anni come l'incarnazione di Dioniso, lanciava per aria manciate di dollari a tutti i suoi ex concittadini. Era tornato trionfante e, in spregio alla miseria e alla giustizia, voleva dimostrarlo a tutti. Come andò a finire non lo so. Qualcuno racconta che, inseguito dalle forze dell'ordine di mezza Europa, il cugino Pietro si sia poi rifugiato a Marsiglia sotto falso nome. Altri che sia stato denunciato da qualche marito geloso. Eppure, ancora ricordo la gioia vivida nell'aprire un pacco spedito ai miei nonni da un mittente anonimo e con timbro postale francese. Conteneva una delle prime macchine giocattolo telecomandate, il sogno di ogni bambino.

Ecco, il cugino Pietro era un uomo felice?

Non l'ho mai saputo. Era di certo un uomo fuori dagli schemi, forse non proprio un esempio di moralità. Ma a modo suo era saggio, di quella saggezza istintiva, contadina, solare, che ti suggerisce, a volte, come essere felice e regalare questa serenità anche agli altri. Come non amare il cugino Pietro, così simile ai tanti protagonisti dei romanzi che mi facevano battere il cuore? Come non essere ispirati dalla poesia delle sue gesta quando si è ragazzi e in cerca del proprio posto nel mondo?

La sua era vera saggezza? Oppure essere "filosofi" vuol dire rinunciare alle passioni, ai desideri, agli ideali, alle scelte? In sostanza alla vita?

Questa è la sfida che ha stimolato e tormentato gli uomini di ogni tempo e di ogni latitudine e che si ripropone, nella sua attualità e urgenza, anche a noi che abitiamo questi tempi moderni, globalizzati e dai confini incerti.

Oggi come non mai sembra che ci si aprano davanti tutte le strade possibili, ma la complessità e la varietà di proposte e di percorsi rendono la domanda che ci siamo appena posti, semmai, ancora più complessa. Avevano forse ragione quei pensatori antichi, Orazio in testa, secondo cui la felicità e la saggezza non comportano per forza l'obbligo di rinunciare alle passioni e alla vita, e che anzi ritenevano bisognasse godere di ogni suo singolo attimo? Oppure, opinione piuttosto comune, solo gli orientali possiedono le chiavi di accesso a una dimensione spirituale che, in Occidente, la razionalità ci ha fatto dimenticare? Meglio la meditazione e lo yoga, oppure un libro di filosofia o un romanzo? E bisogna per forza andare a vivere in India o in Tibet per scoprire la verità su ciò che siamo?

Sono tanti gli stereotipi che, nel corso dei secoli, hanno nutrito divisioni superficiali, diffidenze, pregiudizi e aspettative sulla possibilità di avere accesso a una serenità che non sia effimera e transitoria. In realtà, una distinzione così netta tra saggezza orientale e razionalità occidentale è poco utile e ci fa perdere di vista un aspetto fondamentale: il bisogno che ha sempre mosso tutti gli uomini, e che li muove anche oggi, è stato quello di dare una risposta ai grandi interrogativi dell'esistenza e di ritrovare una strada verso casa.

LANCIARSI NELL'IGNOTO

Per cercare una risposta alla nostra domanda sulla felicità "qui e ora", dobbiamo intraprendere un viaggio in compagnia di altri uomini che hanno già percorso parte del cammino e possono offrirci validi spunti e consigli. Con loro dialogheremo come si fa tra amici: ci parleranno della loro esperienza, delle loro intuizioni, dei loro saperi, preziosi anche oggi.

Mi sono interrogato spesso sulle parole di questi cercatori e ancora adesso dibatto con loro, come se li avessi di fronte, perché mi parlavano e mi parlano ancora. Le loro sono parole vive, strumenti di ricerca, di indagine: questi uomini hanno mosso i primi passi verso la saggezza e le loro strade, anche se diverse, si sono intrecciate, fino ad arrivare a noi.

Il loro cammino, tuttavia, non si è concluso: mi piace immaginare, infatti, che il pensiero di questi cercatori sia un campo di indagine ancora aperto, anche al nostro contributo, più che una dottrina strutturata, e che ciascuno di noi possa adattare le sue ricette alle proprie situazioni in modo saggio e funzionale, dinamico.

Non immagino i pensatori antichi come studiosi

ossessionati dalla coerenza e dalla necessità di costruire castelli di teorie.

Gotama, a questo proposito, citava l'esempio di un uomo colpito da una freccia e in pericolo di vita. In questa situazione ci si può perdere in ipotesi e congetture, preoccuparsi di sapere tutto su chi ha scagliato il dardo, di che materiale è composto, di che colore sono le piume, oppure agire nell'unico modo sensato: estrarre la punta e curare la ferita. Ogni volta che la teoria prende il sopravvento sigilliamo la vitalità dell'esperienza in una provetta. Ciò che questo aneddoto vuol comunicare è che per vivere davvero non occorre possedere prima una teoria sulla vita, per quanto affascinante e precisa possa essere.

È questo stesso messaggio che in una delle scene iniziali del film *L'attimo fuggente* il professor Keating, alias Robin Williams, propone alla sua classe, dopo aver chiesto a uno studente di leggere l'introduzione del volume di poesia di Jonathan Evans Pritchard:

> Adesso voglio che strappiate quella pagina!... Molto bene, anzi, sapete una cosa, è meglio che strappiate tutta l'introduzione, voglio che sparisca per sempre, che non ne rimanga traccia alcuna. Avanti, strappate. Questa è una battaglia, una guerra e le vittime sarebbero i vostri cuori e le vostre anime. [...] Ho un segreto da confessarvi, avvicinatevi, avvicinatevi! Non leggiamo e scriviamo poesie perché è carino, noi leggiamo e scriviamo poesie perché siamo membri della razza umana e la razza umana è piena di passione. Medicina, legge, economia, ingegneria,

> sono nobili professioni, necessarie al nostro sostentamento, ma la poesia, la bellezza, il romanticismo, l'amore, sono queste le cose che ci tengono in vita.

Ecco, è questo che conta: leggere, cercare, indagare, non perché è consuetudine, ma perché «siamo membri della razza umana e la razza umana è piena di passione». Questa passione è il fuoco che bruciava nell'animo dei cercatori antichi e che può divampare anche nei nostri, se non ci lasciamo imbrigliare dalle consuetudini. Dentro questi alberi che hanno radici antiche scorre ancora linfa vitale, in grado di farli fiorire, oggi come ieri.

E se si desidera essere coerenti con il messaggio dei primi cercatori non ci si può che comportare come il professor Keating, farsi coraggio e muoversi verso l'ignoto, affidandosi all'intuito e accettando la sfida: non bisogna essere per forza coerenti, l'importante è essere vivi.

Stesso discorso vale per il pensiero buddhista, che ruota intorno a quattro punti: riconoscere qual è la condizione della vita, con la sua complessità; comprendere i meccanismi che generano i problemi, le difficoltà, la sofferenza; individuare una strada per venirne fuori; infine, praticare un metodo per giungere alla pace, alla saggezza, alla serenità. La tradizione vuole che questo stadio finale sia identificato con il nirvana, una sorta di paradiso a cui si arriva dopo aver trasceso l'esperienza umana, un ideale ascetico raggiungibile solo da pochi eletti.

Ecco, io ho sempre considerato questa visione poco utile, perché presenta gli insegnamenti di Gotama come un sistema astratto, arido, distante dallo spirito che muoveva quest'uomo. Certamente, però, è un sistema lontano da noi. Facendo, come in questo caso, affermazioni su questioni che non possiamo verificare o che non sono evidenti, ci inoltriamo nel campo della pura teoria, degli ideali. Ma il Buddha era un pragmatico, una persona concreta.

Basterà perciò avvicinarci a questi punti considerandoli degli strumenti, degli stimoli: i momenti in cui siamo meno confusi e più consapevoli sono proprio le occasioni di apertura che ci consentono di vivere in modo più saggio e felice. Il nirvana, in questo modo, invece che essere un paradiso lontano diventa il punto di inizio, la condizione che ci permette di intraprendere la nostra ricerca, per recuperare quell'innocenza, quella purezza, quella chiarezza, quell'integrità e quella gentilezza che la società competitiva e aggressiva di oggi sembra averci strappato dal cuore.

AMICI DELLA SAGGEZZA

Sull'insegnamento di Gotama torneremo. Tra tutti i percorsi possibili io ho scelto di seguire quello buddhista, ma mi piace pensare che la saggezza non sia patrimonio esclusivo di una sola cultura e che abbracci invece, seppure con sfumature diverse, l'universalità dell'esperienza umana. È stimolante trovare i punti di contatto, piuttosto che le differenze, e constatare come cammini tanto diversi, nel tempo e nello spazio, abbiano potuto portare a lampi di risveglio dal "sapore" simile.

I Greci, per esempio, sono stati tra i primi a esprimere con metodo e chiarezza la convinzione che si può essere amici della saggezza (questo è il significato etimologico della parola "filosofia") e che una vita etica conduce alla felicità. Perciò si sono impegnati in un tipo di indagine critica e razionale e nella ricerca di un metodo di pratica per vivere in modo autentico, filosofico. Questa concretezza emerge anche dalla loro lingua, che danza e si snoda con un solo fine, quello di farsi capire da chi ascolta. È quindi ricca ma concreta, fantasiosa ma pratica, come gli uomini da cui era parlata. Contiene i mille sapori e colori del Mediterraneo e la saggezza del buon senso. È abilissima nel creare situazioni, rappresentazioni, piuttosto che concetti, e quindi a smuovere le coscienze, a produrre vita e intervenire su di essa. La lingua greca è un ponte grazie al quale l'immaginario della mente si incarna e mette radici nella realtà.

Avevo un amico, sulla piccola Lipsos, una delle isole del Dodecaneso, nel profondo blu dell'Egeo. Si chiamava Stavros. Un pescatore dagli inconsueti occhi azzurri, senza età come il suo cappello da marinaio, che ne raccontava il passato più di quanto facessero le sue rare parole. Prima che le luci dell'alba lambissero gli scogli e gli ulivi, e sconfiggessero le ombre della chiesetta imbiancata dal gesso e dai secoli, portava le reti a inseguire aragoste e polpi, che poi mi mostrava con un orgoglio antico. Era come se fosse testimone di un rituale di cui già Ulisse, Pericle o Achille erano stati spettatori. Il sublime e il mistero che prendevano corpo al sorgere del sole. Qualche volta lo accompagnai. Seduto sul retro della barca, bastavano i suoi sguardi e i gesti rapidi delle sue mani per far sì che smettessi di preoccuparmi del tempo e dei pensieri, che avevo lasciato a riva. Quella saggezza atavica non richiedeva altro. Scorreva, come la corrente di due mari che si incontrano e diventano uno.

I Greci chiamavano la felicità *eudaimonia*, una parola composta da *eu,* che significa "bene", e *daimon,* che significa "demone". Un uomo era dunque felice quando era in compagnia di un buon demone. Non un diavolo, ma uno spirito guida, che aiuta, suggerisce una condotta di vita lieta, serena. È interessante notare che nell'*eudaimonia* l'aspetto "magico" è indispensabile per una completa realizzazione umana: il sublime e il magnifico diventavano reali nel momento in cui l'uomo si predisponeva ad ascoltare il messaggio proveniente da questa dimensione eterna, profonda, dal suo spirito guida. Lasciarsi guidare dal buon demone era un atto di fiducia, un modo per riacquistare un equilibrio naturale e vivere compiutamente, creando le condizioni per la realizzazione della felicità. Stavros era il mio buon demone e la felicità, in quei giorni, era concreta, a portata di mano.

I buoni amici sono un supporto fondamentale durante il cammino. Ecco perché i Greci scelgono la parola "amico", *philos*, per descrivere il rapporto che possiamo instaurare con la saggezza ed ecco perché Gotama sostiene che un buon amico è tutto.

C'è, in quest'affermazione, un misto di amore e rispetto della distanza. Per quanto, infatti, si possa amare un amico, non si potrà mai possederlo interamente, poiché ogni vita è espressione di un processo che muta costantemente in modo libero, inaspettato. C'è un lato misterioso, affascinante, nell'esistenza che ci sfugge, come sabbia tra le dita, quando cerchiamo di afferrarla. Eppure non possiamo fare altro che accettarlo, abbracciarlo, comprenderlo nella profondità del nostro animo, come si fa con un amico.

La saggezza per i Greci era un processo creativo, da mettere in pratica, scommettendo sull'imprevisto, sulla fiducia nella propria intuizione e affidandosi alla corrente della vita per andare in direzione ostinata e contraria. Scrive il filosofo Nicola Abbagnano:

> La filosofia, secondo i Greci, nasce dallo stupore di fronte a ciò che esiste e dall'esigenza di spiegare che cos'è l'universo e che cos'è l'uomo, fornendo al contempo criteri di azione. Come

> tale, essa si configura sin dall'inizio come amore e ricerca del sapere e, contestualmente, come proposta di un modello di vita.[2]

Quindi non è soltanto una sfida di carattere intellettuale, razionale. Nelle scuole dello stoicismo, dell'epicureismo, dello scetticismo le problematiche esistenziali vengono prima della ricerca intellettuale. Centrali sono questioni del tipo: Che cos'è la felicità? Come raggiungerla? Come comportarsi di fronte alle vicende della vita e all'incombere della morte?

Vi ricordate di Socrate, quello del «conosci te stesso», del «più conosco e più so di non sapere», il filosofo che voleva essere come una zanzara per poter tormentare i sonni beati dei suoi concittadini, inconsapevoli e pigri? Ebbene, questo tafano con la barba sosteneva con fermezza che, una volta conosciuto il bene, non si torna indietro, non è proprio possibile astenersi dall'agire moralmente e pensare non solo alla propria felicità ma a quella di tutti. È un fatto di consapevolezza e responsabilità. La felicità va scelta non solo per noi ma per tutti, e lo strumento per raggiungerla è la saggezza, che conduce alla serenità dell'animo. La felicità è un fatto condiviso, collettivo e scaturisce dalla relazione e dal dialogo libero.

Anche quando, in età ellenistica, inizia a venir meno la fiducia nella razionalità della vita sociale, il

[2] Giovanni Fornero nell'introduzione alla *Storia della Filosofia*, vol. 1, *Il pensiero greco*, De Agostini, Novara 2013.

filosofo non perde il suo ruolo. In quel mondo globalizzato, come nel nostro, l'obiettivo era prima di tutto trovare un modo per guarire l'individuo dalle inquietudini della vita. L'uomo è confuso, malato, soffre per la propria insoddisfazione, le illusioni lo hanno privato della serenità e ne hanno turbato l'esistenza. Serve una cura.

Il saggio diventa dunque il medico e il suo pubblico i pazienti, come nel buddhismo, visto che il Buddha viene spesso considerato un medico che individua la malattia e le cause e prescrive la cura. Il filosofo vede il malessere, cioè le immancabili delusioni della vita, lo esamina e grazie alla sua dottrina indica la strada per la guarigione. Costui è dunque un maestro che si propone di curare gli uomini dalle angosce, dalle false opinioni e di condurli alla salvezza personale, liberandoli dalle credenze sbagliate, come gli stoici, dalle superstizioni e dalle paure della vita e della morte, come gli epicurei, dall'aridità del pensiero dogmatico, come insegnano gli scettici. Le filosofie ellenistiche sono questo: una terapia mentale esistenziale che ha come obiettivo trovare una via verso la serenità.

Allo stesso modo per il Buddha il Dharma è la zattera che consente di attraversare il fiume e restituire l'essere umano, guarito, al suo cammino nella vita. Per tutti, la causa del male era da ricercarsi nell'ignoranza del bene e la cura era la saggezza.

Un esempio sorprendente di vicinanza e addirittura

contaminazione tra la cultura greca e il buddhismo, lo troviamo nel filosofo Pirrone di Elide, che seguì la spedizione di Alessandro Magno verso l'India e fu testimone della rivoluzione del mondo antico: il crollo del modello delle *polis*, le città-stato come Atene e Sparta, la fine della libertà e dell'identificazione tra uomo e cittadino, la parificazione tra Greci e barbari, l'affermazione del cosmopolitismo, con la conseguente assimilazione di elementi propri di altre culture e, in particolare, di quelle orientali. Come non chiamare tutto questo "globalizzazione"?

Pirrone sembra un cittadino di New York, Londra o Milano, di cui condivide le paure, il senso di smarrimento e le nevrosi. Le sue riflessioni rappresentano un momento di rottura: alcune verità sono andate smarrite e non ce ne sono altre pronte a sostituirle. Non c'è da stupirsi che proprio lui più di altri abbia risentito del violento impatto con questa condizione di incertezza, che ricorda davvero da vicino quella in cui viviamo noi oggi. Ma c'è un motivo in più che me lo rende familiare: fra le varie esperienze che ebbe al seguito di Alessandro ci fu il probabile incontro con i "gimnosofisti", i monaci delle prime comunità buddhiste. I punti di contatto sono evidenti: come Gotama, Pirrone intuisce la profonda fragilità e impermanenza della natura umana. La sente profondamente, istintivamente, e la vede nell'orizzonte culturale precario e mutevole in cui è immerso. Non a caso apprezzava Omero, di cui era solito citare un verso in particolare: «Quale la stirpe delle foglie, tale anche quella degli uomini» e lo lodava anche perché soleva paragonare gli uomini alle vespe, alle mosche e agli uccelli.

Il filosofo sente quindi l'urgenza di un nuovo metodo con cui affrontare questa condizione, di un nuovo modello di convivenza. Perciò non ama perdersi nel pensiero astratto e questo suo rifiuto si fonda sulla consapevolezza che i nostri sensi ci parlano e ci mostrano la fragilità dell'esistenza. Ciò che conta è stare nel mondo e venire a patti con la vita in ogni singola situazione. Non servono valori assoluti e teorici, niente è per natura brutto o bello, buono o cattivo, giusto o ingiusto. Solo la convenzione (il *nomos*) e il costume (l'*ethos*) regolano la società e costituiscono il patto civile tra cittadini.

La modernità di questa visione è davvero strabiliante. Si tratta di un sistema pratico di saggezza[3] che ha il sapore della libertà da giudizi assoluti, moralismi e ideologie, da quell'aridità di cui parla il Buddha, una libertà che conduce alla felicità.

Anche Epicuro e il suo "discepolo" romano, il poeta Lucrezio, sanno che è urgente trovare una cura per questa sofferenza profonda, individuale e globale, una cura che abbia un'efficacia misurabile e applicabile alla

[3] E questo è il sistema pratico, il Dharma nelle parole del Buddha: «Proprio come il grande oceano ha un sapore, il sapore del sale, così anche questo Dharma e la Disciplina hanno un solo sapore, quello della liberazione» (Canone Pali, Udana 5.5).

quotidianità. L'edonismo epicureo non è un invito al piacere effimero, consumistico e gretto, piuttosto un'esortazione alla moderazione, alla soddisfazione di quei piaceri definiti "naturali e necessari" a cui spesso, nei nostri spiriti indaffarati e un po' stressati dai ritmi quotidiani, non diamo il giusto valore.

Ciò significa vivere con consapevolezza e autenticità, senza permettere alle paure, alle idee astratte, ai falsi moralismi, alle scelte di ripiego, alla finta umiltà ascetica di mortificare l'esistenza. Significa avere la forza di non rinunciare a ciò che sentiamo più autentico, ultimativo, in grado di regalarci una serenità non effimera. «Se non fossimo turbati dal pensiero delle cose celesti e della morte e dal non conoscere i limiti dei dolori e dei desideri, non avremmo bisogno della scienza della natura»[4] diceva Epicuro: un vero manifesto in sintesi. Il suo realismo scientifico, in cui non c'è spazio per gli dèi o le false credenze ma solo per atomi e materia, non è bieco materialismo. Il suo fine è liberarci dalle illusioni che generano paura e sofferenza. Egli liquida la morte con adorabile sfrontatezza e arguta semplicità sostenendo che «quando ci siamo noi la morte non c'è, quando c'è la morte non ci siamo noi». Preoccuparsene a priori è un esercizio teorico utile solo a rendere misera la vita, che invece va celebrata e vissuta finché c'è. Proprio perché c'è. Questa è la nostra libertà e la

[4] Epicuro, *Lettera sulla felicità*, Einaudi, Torino 2012.

nostra responsabilità. Buon senso e pragmatismo: un perfetto esempio di saggezza fruibile.[5]

Come non terminare la nostra serie di incontri con una vera rockstar dell'antichità, il filosofo punk per eccellenza, il mitico Diogene? Un giorno Alessandro Magno in persona gli rese visita e gli propose di esaudire un suo desiderio. Diogene sollevò un po' lo sguardo e rispose: «Allora togliti dal sole, mi stai facendo ombra». Alessandro fu così colpito da questa frase che si rivolse ai suoi seguaci, che ridevano e scherzavano sul filosofo mentre si allontanavano: «Davvero, se non fossi Alessandro vorrei essere Diogene».[6] Chi non ha mai sognato di avere la stessa fermezza, la stessa integrità e la stessa dignità, per rispondere così anche al più potente degli imperatori?

Questa integrità, questa fermezza e questa dignità sono alla nostra portata: i percorsi compiuti da questi pensatori antichi sono tracce fondamentali per iniziare, qui, ora, oggi, il nostro cammino per diventare amici della saggezza e cercare la nostra felicità. Le loro intuizioni ci parlano ancora, ci stimolano, sono

[5] Come per il Buddha, il metodo, la pratica è lo strumento che consente all'uomo di entrare in una diversa relazione con ciò che accade nella vita, con i desideri e le opinioni irragionevoli e vani e con quel senso di frustrazione che ne deriva. La stessa ricerca scientifica che investiga il mondo naturale non può che avere il medesimo fine. Ricerca scientifica e della felicità coincidono. Non c'è ombra di una ricerca per la ricerca, di una ragione ragionante, di sofismi elitari e incomprensibili.

[6] Questa è la versione dell'episodio riportata da Plutarco.

delle mappe che ci guideranno in questa ricerca. Ma non dimentichiamo che sulla strada ci siamo noi. E allora come fare per metterle in pratica? Iniziamo col tornare sui passi del Buddha, amico della saggezza quanto Pirrone, Epicuro e Diogene, e lasciamoci la libertà di sperimentare e di creare passo dopo passo la nostra esperienza. Ricordiamoci solo che più facciamo piani e meno ci diamo la possibilità di aprire il cuore a nuovi incontri, alla forza della vita. Più ci affezioniamo ai luoghi comuni e alle rigidità delle opinioni, meno l'energia della novità ci permetterà di crescere, di cambiare, di conoscere davvero. Fidatevi dei vostri passi quindi, e godetevi il viaggio!

La meditazione della felicità

Matthieu Ricard è un monaco buddhista francese, definito spesso «l'uomo più felice del mondo». In questo brano, tratto da un suo discorso pubblico, medita sul concetto di felicità e dice che si può essere felici anche quando si è in difficoltà, proprio grazie a quella boa nella tempesta rappresentata dalla pratica.

> Sebbene cerchiamo di evitare la sofferenza, sembra che le corriamo sempre incontro. E questo può essere causato anche da una certa confusione. Una delle più diffuse è quella tra felicità e piacere. Ma se guardi alle caratteristiche di queste due cose, il piacere è legato a un momento, a un oggetto, a un luogo. È un qualche cosa che cambia per sua natura. Un bellissimo dolce di cioccolato: la prima porzione è deliziosa, la seconda non altrettanto, poi ne siamo disgustati. Questa è la natura delle cose: ci stanchiamo. Sono un appassionato di Bach. Mi piace suonarlo con la chitarra. Mi piace sentirlo due, tre, cinque volte. Se dovessi sentirlo ventiquattr'ore, senza interruzioni, potrebbe diventare molto faticoso. Se stai soffrendo il freddo, puoi andare vicino al fuoco, è bellissimo. Poi, dopo un po', vai un po' indietro, e poi

cominci a bruciare. Questo dipende da ciò che fai e da come vivi la tua esperienza. Come quando provi un intenso piacere e qualcuno intorno a te lo sente anche lui.

Bene, che cosa può essere la felicità? E felicità, naturalmente, è una parola così vaga, così la chiamerò ben-essere. Credo che il ben-essere non sia una semplice e piacevole sensazione. È un profondo senso di serenità e di completezza, uno stato che continuamente pervade e sottende tutti gli stati emozionali e tutte le gioie e i dolori che possono arrivare. Questo, per voi, potrebbe essere sorprendente. Come è possibile avere questo tipo di ben-essere mentre siamo tristi? E perché no? Perché noi stiamo parlando di differenti livelli. Guarda le onde quando arrivano sulla terra. Quando sei sul basso dell'onda, batti sul fondo. Sbatti sulle dure rocce. Quando sei in cima alla cresta, sei tutto esultante. Così vai dall'entusiasmo alla depressione, non c'è profondità. Ora, se guardi in alto mare, potrebbe essere bello, un oceano calmo come uno specchio. Potrebbe esserci una tempesta, ma la profondità dell'oceano è comunque lì, non cambia. Bene, come accade ciò? Come può fissarsi uno stato dell'essere e non una continua fugace emozione o sensazione, che può germogliare dalla felicità? Ma c'è anche la gioia dei malvagi, si può gioire anche per la sofferenza di qualcuno.

E allora come dobbiamo procedere nella nostra ricerca della felicità? Molto spesso noi guardiamo fuori di noi. Noi pensiamo che dovremo mettere insieme questo e quello, qualsiasi cosa per essere felici. Bisogna avere tutto, per essere felici. Questa frase indica il modo più sicuro per distruggere la felicità. Avere tutto. Se ci dimentichiamo qualcosa, è la rovina! E così quando qualcosa va male noi cerchiamo di trovare al di fuori la soluzione, ma il controllo del mondo esterno è limitato, temporaneo, e spesso illusorio. E ora guardiamo alle condizioni interne. Forse che non sono queste le più forti? Non è la mente che ci traduce le condizioni esterne in felicità o sofferenza? Non è questa la più forte? Sappiamo per esperienza, che possiamo essere in un piccolo paradiso e dentro di noi essere totalmente infelici.

Secondo passo
GENTILEZZA

Ferma la scimmietta che ti si dimena nella testa

Nessuno è nato odiando qualcun altro per il colore della pelle, o il suo ambiente sociale, o la sua religione.
Le persone odiano perché hanno imparato a odiare, e se possono imparare a odiare possono anche imparare ad amare, perché l'amore arriva in modo più naturale nel cuore umano che il suo opposto.

Nelson Mandela

La gentilezza cura le nostre ferite. La gentilezza cura il mondo. Riscoprire il profondo potere di un gesto gentile e di un sorriso è il primo passo per comprendere a fondo il senso del buddhismo. Ma come possiamo praticare la generosità della mente? Quali strumenti ci mette a disposizione la tradizione buddhista?

Proviamo prima di tutto a comprendere il significato che Gotama dava alla gentilezza. Per spiegarvelo chiamo in aiuto un altro grande vecchio, anche se non proprio famoso per essere un campione di questa qualità. Ma fidatevi.

Fin da piccolo sono stato un grande appassionato di fumetti. Le strisce di Carl Barks, l'inventore di molti paperi Disney, mi sono rimaste nel cuore e ancora oggi le leggo e rileggo con il medesimo incanto. Barks ha creato il personaggio perfetto, l'icona del materialismo della società americana e moderna: il suo Paperon de' Paperoni, ricco, egoista, che adora nuotare tra le monete nel suo deposito, è un personaggio che riassume in sé molte contraddizioni dell'animo umano. È l'opposto della gentilezza, la generosità gli fa difetto, è solitario, misantropo e sempre pronto a sfidare la sorte per ottenere un nuovo tesoro da aggiungere alla sua già sterminata collezione. Il suo carattere scorbutico lo rende quasi simpatico, sicuramente più reale di molti altri personaggi dell'universo Disney. A Paperone, in fondo, si perdona tutto o quasi, perché rappresenta ciò che, qualche volta, abbiamo forse sognato di essere: l'uomo più ricco del mondo cui quasi nulla è vietato.

La sua però è una maschera tragica, portata all'eccesso con una funzione specifica: ricordarci quanto importanti sono le qualità che a lui sono negate. Il vecchio Scrooge (questo il nome originale di Paperone, come il protagonista del *Canto di Natale* di Dickens) vorrebbe amare ma non riesce, vorrebbe una famiglia, ma l'ossessione per il denaro lo rende diffidente, sospettoso e guardingo. Eppure, nel vero capolavoro del suo creatore, la saga sulla dinastia dei paperi, lo vediamo bambino alle prese con le difficoltà di una famiglia caduta in disgrazia e mosso dal desiderio di riscatto e dalla volontà di restituire dignità alle persone che ama, umiliate dal destino. Paperone ha un cuore, anche se ha dovuto sotterrarlo per far fronte alle avversità e diventare il papero che è poi diventato. Eppure l'immagine dei suoi primi anni nelle lande perdute della Scozia, con i genitori, gli zii e le sorelle, il guadagno del suo primo soldino, la famosa "numero uno", ce lo restituisce umano, fragile, sognatore e idealista.

Cosa gli è successo? Perché è diventato l'arcigno e baldanzoso miliardario, arido e testardo che conosciamo? Il fatto è che Paperone non si è dato la possibilità di coltivare il cuore. C'è una vignetta, nella prima storia della dinastia, in cui viene ingannato da un cliente che paga i suoi servizi di lustrascarpe con una moneta americana, "la" moneta. Il piccolo Paperone invece che scoraggiarsi dice: «D'ora in avanti sarò più furbo dei furbi, più duro dei duri». Detto fatto. Non darà più spazio alla compassione, all'amore, alla gioia, ma solo a ciò che gli potrà permettere di rispondere a quell'imperativo, di curare la ferita dell'umiliazione.

La strada però era quella sbagliata. Solo che lui non poteva saperlo. Barks invece sì. Per questo lo circonda dei nipoti, che compensano con l'entusiasmo dei giovani quell'allegria e quel calore che Paperone non ha più. Gli offrono, alla fine, la possibilità di redimersi, di riscoprire la sua umanità più profonda.

Per tutti c'è questa possibilità. Tutti possiamo guarire. Ed è la gentilezza lo strumento per farlo. Ecco perché è da qui che cominciamo questo viaggio sulle orme di Gotama.

E non sarà un percorso privo di insidie. Anche il Buddha, infatti, aveva un nemico: Mara, il diavolo. Mara impersona tutte le caratteristiche negative che ci impediscono di fiorire. È definito "l'assassino" perché, di fatto, uccide ciò che ci rende umani e il suo soprannome, Namuci, nell'antica lingua indiana sta per "colui che impedisce al monsone di giungere" e alla pioggia di irrigare e rendere fertili i campi. Senza acqua non c'è vita. Senza una sensibilità gentile il cuore diventa arido e ci chiudiamo in noi stessi. Non c'è cura. Non c'è via d'uscita dalla sofferenza.

Bisogna quindi scovare un sistema per sventare gli inganni di questo diavolo e coltivare una sensibilità gentile.

COLTIVARE LA MENTE

La tradizione buddhista ha messo a punto alcune pratiche che aiutano a portare alla luce e potenziare i punti di forza e le qualità specifiche di ogni persona, tramite la meditazione che rappresenta quindi la chiave per calmare la confusione della nostra mente, renderla stabile e permettere alla gentilezza e all'umanità di fiorire. La parola che il Buddha sceglie per indicare la meditazione nella lingua parlata a quel tempo è *bhāvanā* che è sinonimo di "sviluppare", "coltivare" o "produrre", "chiamare alla vita".

Per spiegare il contesto culturale dell'impiego del termine da parte del Buddha storico, il ricercatore americano Glenn Wallis scrive, ad esempio, che anche un contadino quando prepara il terreno e pianta il seme è in uno stato di *bhāvanā*. Scrive Wallis:

> Immagino che quando il Buddha scelse questa parola per parlare di meditazione avesse in mente le onnipresenti fattorie e i campi della sua nativa India. A differenza delle nostre parole "meditazione" o "contemplazione", il termine di Gotama è ricco e verdeggiante. Profuma di terra. Suggerisce naturalezza, quotidianità, ordinarietà. Il termine suggerisce anche speranza: per quanto sia a maggese, o possa essere danneggiato, un campo può essere sempre coltivato – continuamente valorizzato, arricchito, sviluppato – per produrre un raccolto favorevole e nutriente.[7]

Spesso troviamo nel buddhismo metafore o termini che rimandano al ciclo naturale dei campi e al lavoro dei contadini, dei falegnami, dei fabbri. Queste immagini hanno una forza evocativa che immediatamente ci riporta a una dimensione familiare e concreta, ma non solo: ci distolgono dal perderci in fantasie o dal ricercare doppi sensi che non ci sono.

Il processo della meditazione è, in questa prospettiva, un processo naturale, che avviene tramite il respiro, tramite il corpo, un processo radicato nella terra sulla quale posano i nostri piedi. È dalla terra che possono germogliare piante e frutti, esattamente come dalla pratica può emergere una diversa prospettiva nei confronti

[7] Glenn Wallis, *Bhavana: A Guide to Classical Buddhist Meditation*, 2009.

della vita. *Bhāvanā* è anche “coltivazione spirituale”: come un campo, perché possa dare un buon raccolto, ha bisogno di essere irrigato, curato e coltivato, questo metodo va perseguito con dedizione e con cura. Non perché sia “giusto” farlo o perché è scritto nei testi, ma perché in questo modo si permette alla pratica stessa di diventare efficace.

La meditazione non è, come alcuni credono, una separazione dal mondo, e lo vedremo più avanti quando parleremo della solitudine. Semmai equivale a immergersi in esso in modo più profondo. Proprio perché riusciamo a essere maggiormente concentrati e presenti, siamo in grado di osservare con lucidità i nostri schemi mentali, le reazioni abituali, le paure, i desideri e tutte le emozioni e sensazioni che abitano la nostra anima.

La meditazione è l’ingresso attraverso il quale il mondo entra dentro di noi, non filtrato da ciò che ci piace o non ci piace, da ciò che riteniamo giusto o sbagliato, vero o falso, buono o cattivo (questa teoria non vi ricorda il pensiero del filosofo greco Pirrone?). Quando meditiamo, smettiamo di reagire agli stimoli, di inseguire i pensieri, e ci concediamo la possibilità di vedere ciò che accade nel mondo da una nuova prospettiva, ogni volta diversa.

Un altro termine importante collegato alla pratica della meditazione è *samādhi*, che indica la stabilità che si raggiunge quando ci troviamo in questa condizione. *Samādhi* è una parola della lingua sanscrita presente sia nel buddhismo che nell'induismo e definisce l'unione del meditante con l'oggetto della meditazione: esprime quindi il modo in cui il sé "si dissolve" quando l'attenzione va oltre i suoi normali limiti. Alcuni la traducono con "concentrazione", altri con "assorbimento", altri ancora con "quiete". Nella tradizione buddhista la mente viene spesso paragonata a una scimmia che salta qua e là, senza sosta, da un ramo all'altro. Qual è il metodo migliore per attirare la sua attenzione? Se ci limitiamo a offrirle una banana, la prende, la divora in un istante e ricomincia a saltellare. Questa tecnica non funziona. Eppure il più delle volte nutriamo la povera scimmia nella nostra testa con un flusso costante di giudizi, reazioni, idee, punti di vista, una catena ininterrotta di dialoghi interiori su ciò che ci accade ma anche su quello che immaginiamo potrebbe o non potrebbe accadere. Basta uno spunto, una banana, e la scimmia se ne impossessa e inizia a giocare.

Il fatto è che la vita quotidiana tende a disperderci in infiniti frammenti di cui, a volte, facciamo davvero fatica a ritrovare la coerenza. Se ci fate caso, è un'esperienza piuttosto comune: basta una giornata di stress o un po' di stanchezza per stravolgere il nostro stato d'animo. Un imprevisto, un appuntamento che salta, un incontro di lavoro che va male, oppure un raffreddore proprio la sera del compleanno, e la frustrazione prende il sopravvento. Ne siamo trasformati: i muscoli del viso e del corpo si contraggono, fatichiamo a riconoscerci.

Compiere un semplice gesto di apertura, di gratitudine o di calore diventa un'impresa. Succede a tutti, è normale. Così funzioniamo, questa è la vita. Purtroppo, eliminare ciò che non ci aggrada è impossibile: siamo programmati biologicamente per entrare in relazione con il mondo circostante e rispondere alle sollecitazioni che da esso ci giungono, positive o negative che siano. Ogni relazione implica una reazione.

Ma una via di uscita c'è: per evitare di essere vittime della frustrazione occorre dare alla mente qualcosa da fare. Ci vuole pazienza, come con un bambino a cui desideriamo insegnare ad andare in bicicletta. Le prime volte farà resistenza, magari sarà titubante, diffidente. Spesso cadrà ma poi, piano piano, prenderà confidenza e inizierà a pedalare. Così funziona il processo della meditazione, così riusciremo a raggiungere la condizione di *samādhi*.

Per farlo occorre però lasciare da parte lo spirito prestazionale e competitivo che contraddistingue la nostra epoca: forzare il cervello a stare concentrato su qualcosa, che sia il respiro, le sensazioni del corpo, l'immagine di una candela o la fotografia del Buddha, non serve. Non esistono le olimpiadi della meditazione e nessuno vi darà una medaglia alla fine della gara. Occorre, invece, imparare a conoscersi, entrare in confidenza, instaurare un rapporto di fiducia e di amicizia con la divertente scimmietta seduta sulla nostra spalla.

La sfida che ci propone Gotama è proprio quella di

iniziare, gradualmente, a non identificarci con questa reattività automatica, con il flusso di pensieri e sensazioni che ci popolano il cervello e sui quali vogliamo esercitare il nostro controllo per sentirci sicuri. Non ci rendiamo conto, così, che, come Paperon de' Paperoni, non facciamo altro che allontanarci anche dal cuore, al punto da non riconoscerci più. Lasciare che la scimmia scorrazzi indisturbata, osservandola persino con una punta di orgoglio e un pizzico di senso di onnipotenza, significa perdere di vista la nostra anima e non coltivare la gentilezza, che è ciò che ci rende umani.

Tra le varie strategie, alcune molto antiche, per esercitare l'attenzione e la consapevolezza c'è il *Lo Jong*, una antica tecnica di meditazione tibetana, che porta al cuore di ciò che significa coltivare la mente per sviluppare una sensibilità gentile e una concreta compassione.

Letteralmente il termine *Lo Jong* significa proprio "allenamento della mente", e consiste in una meditazione su otto punti, otto temi, il cui fine è modificare in modo radicale le nostre abitudini mentali e il nostro atteggiamento verso la vita. Il *Lo Jong* ci insegna a entrare profondamente in contatto con la reale situazione in cui si trova chiunque incontriamo e a fare di questo incontro, di questa esperienza, un'occasione per proseguire sul percorso della pratica. Identificarsi con l'altro significa, anche in questo caso, mettere da parte pregiudizi, schemi mentali, convinzioni, rigidità.

Metterci da parte, in pratica, per aprirci davvero agli altri. I maestri tibetani sostengono che grazie a questo atteggiamento mentale saremo di beneficio al prossimo e potremo realizzare la nostra e la loro felicità.

Ecco quindi le otto "tappe" del *Lo Jong*:

> Poiché tutti gli esseri senzienti sono più preziosi del gioiello che esaudisce i desideri, essendo intenzionato a realizzare lo scopo supremo possa io sempre prendermi cura di loro.
>
> Ovunque e con chiunque mi trovi, possa io ritenermi inferiore a tutti e, con sincera intenzione, possa considerare gli altri come supremi.
>
> In ogni attività analizzerò la mia mente e, non appena sorgono emozioni distruttive, poiché danneggiano me stesso e gli altri possa affrontarle con determinazione e fermarle.
>
> Quando vedo esseri di natura miserabile sopraffatti da forti negatività e sofferenze possa considerarli rari, come un tesoro prezioso difficile da trovare.
>
> Quando altri, per invidia, ingiustamente mi maltrattano con critiche, calunnie e altro, possa accettare su di me la sconfitta e offrire agli altri la vittoria.
>
> Anche se qualcuno che ho aiutato e in cui ho riposto grandi speranze mi danneggia del tutto ingiustamente, possa considerarlo come un prezioso amico virtuoso.
>
> In breve, possa offrire, direttamente e indirettamente, benefici e felicità a tutte le madri e possa segretamente prendere su di me tutti i problemi e le sofferenze delle madri.
>
> Senza aver contaminato tutto ciò con le impurità della conce-

zione degli otto Dharma mondani, comprendendo che tutti i fenomeni sono illusori possa non aderirvi ed essere liberato da ogni legame.

LE GEMME DI INDRA

Coltivare la gentilezza educando alla concentrazione della meditazione la scimmietta che saltella nella nostra testa è la strada per rimettere insieme i pezzi dello specchio e guarire la nostra anima.

Paradossalmente, nelle emergenze, quando accade qualcosa di grave, diventiamo più lucidi e scopriamo di avere risorse che non conoscevamo. Ma questo tipo di concentrazione, questa lucidità, è ancora una volta focalizzata su un elemento specifico, che può essere la paura, l'ansia, la sofferenza, e in ogni caso riguarda noi, non l'altro. Avere un animo gentile significa invece allargare il nostro spettro visivo ed esaminare non solo noi stessi, ma ogni elemento che ci circonda, prendendoci cura di tutto ciò che incontra lo sguardo.

Nelle pratiche che sviluppano la gentilezza amorevole, si esercita questo atteggiamento di inclusione, di comprensione, di accettazione, di perdono, in primo luogo verso di noi, poi verso l'esterno. Non si tratta semplicemente di volersi bene, di coltivare l'empatia, piuttosto di insegnare a noi stessi a praticare la gentilezza a prescindere dalle condizioni, riconoscendole la capacità di trasformare la realtà.

Il segreto è maturare la capacità di rispondere con consapevolezza a una situazione, invece che reagire d'istinto, e la volontà di stare dalla parte di ciò che genera felicità, piuttosto che sofferenza. È una pratica per la quale occorre allenarsi perché non sempre viene istintivo includere le altre persone nel proprio percorso di cura, soprattutto quando queste sono problematiche o ci suscitano indifferenza.

Tutti però abbiamo il desiderio e il diritto di essere felici.

Gotama associa questa forma di gentilezza alla generosità, alla capacità di aprire il proprio cuore, alla possibilità di essere presenti quando necessario: una generosità della mente. E questa generosità è, non a caso, la prima e più importante tra le qualità morali del buddhismo, le *pāramitā*.[8]

Ecco una metafora efficace per spiegare il senso di queste qualità: per attraversare un fiume si utilizza

[8] Le *pāramitā* sono sei o dieci, a seconda delle varie tradizioni: la generosità (*dāna*) aiuta ad aprire il nostro cuore al mondo, come la virtù e la moralità (*sīla*) permettono di restare sul sentiero, senza perdere troppe volte la strada. La pazienza e la capacità di accettare ciò che si presenta nella vita (*kṣanti*) rappresentano la via per cercare il proprio orizzonte giorno dopo giorno e l'energia e la diligenza (*vīrya*) sono le qualità fondamentali per percorrere la nostra via con convinzione e in modo efficace e trasformare gli stati mentali negativi in occasioni di pratica. In questo modo la nostra forza interiore ci permetterà di praticare con la giusta concentrazione (*dhyāna*) e di raggiungere la saggezza (*prajñā*).

una zattera. Allo stesso modo, per entrare nel flusso dell'esistenza, e solcarne le onde, sono necessarie un'imbarcazione e la capacità di governarla. Ma una volta giunti sull'altra sponda, solo uno sciocco si caricherebbe la zattera sulle spalle e continuerebbe a camminare portandosela dietro.

Per quanto il metodo sia prezioso e fondamentale, quindi, tocca sempre a noi navigare sul fiume: la zattera è indispensabile, insomma, ma bisogna saperla governare, possederla non equivale a poter navigare, non rappresenta la navigazione in sé. Gli insegnamenti non sono quindi rigide regole o dogmi ma pratiche, consigli per facilitarci la traversata. Sono come cartelli che ci indicano dove l'acqua è profonda, dove la corrente è più forte, dove possiamo attraccare in sicurezza, come evitare le rapide.

Ma sulla barca, sulla zattera, ci siamo noi. Niente potrà permetterci di arrivare sull'altra sponda se non la nostra abilità nell'utilizzare i suggerimenti in modo creativo e saggio. Non le dottrine, non le teorie.

Il buddhismo ha prodotto, nei secoli, infinite pagine di insegnamenti, confronti filosofici, idee e intuizioni che dimostrano la sua profonda capacità di lettura della realtà e dell'essere umano. Ma le idee, da sole, servono a poco. Occorre imparare a navigare, a generare la sensibilità gentile e la generosità. Ricordatevi cosa disse Yúnmén Wényn, uno dei primi patriarchi cinesi della tradizione zen. Interrogato su quale fosse il più importante degli insegnamenti trasmessi dal Buddha, egli rispose così: «Un'affermazione adeguata». Adeguata alla specifica situazione che si presenta, non a princìpi astratti o teorie. Parole che nascono dall'esperienza, dalla pratica, adatte al contesto, alla situazione, in grado di essere comprese e, soprattutto, efficaci per chi le ascolta. Il tipo di generosità è quella che nasce dalla vita, una forma di ascolto dell'altro.

Da adolescente avevo finito per assomigliare un po' a Scrooge, alias Paperon de' Paperoni, lo confesso. Non che avessi dimenticato la gentilezza, ma la nascondevo dietro una baldanza che aveva finito per diventare arroganza. Più mi sentivo insicuro più mi proteggevo con una corazza. Da ragazzi si tende a tagliare il mondo in due: di qua chi è come me, di là chi è contro di me. Anch'io, come il giovane Paperone, sentivo la necessità di raggiungere i traguardi che mi avrebbero dato la "certezza" di valere. Sentivo una voce dentro, che mi ricordava l'importanza della gentilezza, della tenerezza che vedevo negli occhi di mia nonna, una voce che mi tormentava e bruciava come una ferita, ma era come se stessi acquisendo dei diversi codici di comportamento che mi rendevano alieno dal mondo dei miei genitori. Questa sorta di frattura non venne sanata subito, anche dopo che il buddhismo era entrato a far parte della mia vita, perché le abitudini mentali sono gli ostacoli più difficili da rimuovere, soprattutto se ti hanno garantito una qualche forma di sicurezza.

Poi un giorno ci fu la “svolta”. Una cara amica che abita in Svizzera mi inviò una mail con una richiesta particolare. Gli Zen Peacemakers, un’organizzazione internazionale di attivisti che operano in diversi campi del sociale con attività ispirate ai princìpi della pratica buddhista, del dialogo tra religioni e della compassione attiva, di cui entrambi facevamo parte, stava cercando di aiutare un giovane palestinese, fuggito dalla sua terra e dalla guerra, a trovare un rifugio temporaneo e un supporto economico. Non esitai.

Tre giorni dopo, alla Stazione Centrale di Milano, incontrai Hadi. Gracile e affamato, i suoi occhi, oltre allo sgomento, dimostravano molti più anni di quanti in realtà ne avesse. Fu semplice diventare amici. Lo ospitammo in Italia per qualche tempo, poi gli pagammo il viaggio per Uppsala dove avrebbe frequentato, lui ingegnere, un master universitario per studenti di talento, in relazioni internazionali e diritto delle minoranze.

Sono passati circa quindici anni da allora, ma, come due fratelli, ci siamo costantemente tenuti in contatto. Hadi oggi è professore a Uppsala. Viaggia in giro per il mondo e fa il possibile per offrire un’opportunità, un futuro, ad altri giovani con esperienze simili alle sue. Ha fondato una ONG che si occupa dei diritti delle donne e delle vittime di guerra e di violenza nei paesi islamici.

Questo mio fratello è musulmano, eppure è uno dei più autentici buddhisti inconsapevoli che abbia mai conosciuto. È un uomo solare, gentile e aperto. Una volta mi ha detto: «Senza la tua generosità nulla di tutto questo sarebbe stato possibile. Avrei fatto la fine degli amici e dei parenti di Gaza uccisi dalla guerra». Io invece sono convinto che Hadi avrebbe comunque trovato un modo per farcela, perché, nonostante tutto, aveva scelto la vita e questa è ancora oggi la sua forza.

Hadi ha lanciato il suo cuore, il suo spirito, oltre l'ostacolo. Ha permesso al coraggio di entrare e ha lasciato fuori la paura. Il suo cuore gentile si è aperto e ha permesso a me di sentirlo, di capirlo e di generare a mia volta gentilezza e generosità, che sono qualità "contagiose".

Ecco perché il dono più importante della generosità è quello di farci smettere di avere paura. Avere paura significa essere poveri, perché temere gli altri ci irrigidisce, ci limita, rafforza le nostre convinzioni sclerotizzate e nevrotiche. Al contrario, *essere* generosità significa essere aperti, liberi, autentici e in connessione con l'altro.

L'antica mitologia indiana concepisce l'universo come un'enorme rete, la rete di Indra, che si estende all'infinito in ogni direzione, proteggendo e accudendo la vita nella sua interezza, senza escludere nulla. Al punto di intersezione di ciascun nodo della rete c'è una gemma lucente e sfaccettata, che grazie alle sue molte facce riflette tutte le altre. Le gemme sono infinite così come innumerevoli sono i riflessi in ciascuna gemma, ma nessuna di esse esiste senza le altre. Nessuna è a sé stante. Sono tutte interdipendenti: se una brilla, allora brilleranno anche tutte le altre.[9]

Spesso i miti antichi come questo sono straordinariamente efficaci perché riescono a rivelare la saggezza che dimora nel profondo del cuore degli uomini. Lo fanno con la potenza evocativa delle immagini, con la musicalità e la poesia delle parole. Si servono, spesso, di più di mille dettagliate spiegazioni per arrivare al punto, per cogliere precisamente quel filo quasi invisibile che ci tiene tutti uniti. Esprimono quella magia che scaturisce quando riusciamo a essere autenticamente umani.

E le gemme della rete di Indra ci ricordano che noi, tutti noi, tutti i miliardi di persone che abitano questo pianeta, siamo in realtà un corpo solo che si è disperso nei vicoli del mondo ma che non desidera altro che tornare a essere un'unità. E per farlo basta uscire dalla nostra zona di sicurezza e navigare in mare aperto, oltre i confini angusti dei pregiudizi, delle convinzioni, delle rigidità.

[9] Lo spiega la maestra zen americana Diane Eshin Rizzetto, *Svegliati a ciò che fai! Una pratica zen per incontrare ogni situazione con intelligenza e compassione*, Ubaldini, Roma 2006.

LA MEDITAZIONE DELLA GENTILEZZA AMOREVOLE

Metta è quella particolare forma di meditazione conosciuta in Occidente come meditazione della gentilezza amorevole. Quest'ultima, come abbiamo visto, è una virtù che porta a uno stato meditativo in grado di contrastare la negatività generata dai nostri stessi pensieri e ha come scopo quello di sviluppare e coltivare l'amore e la generosità, partendo da noi stessi per poi estenderli al mondo intero, in modo disinteressato.

Questa forma di amore non possessivo riguarda ogni aspetto della vita. È un amore praticato con saggezza, che non prevede condizioni, non dipende dal merito e, soprattutto, non è rivolto solo a chi soddisfa determinati requisiti. Quindi non si aspetta nulla: d'altronde, non si ama allo scopo di essere ricambiati. Per quanto possa sembrare un'utopia contraria alla nostra abitudine a metterci al centro della narrazione mentale, solo se andiamo oltre le anguste prospettive personali possiamo davvero provare amore, che è un sentimento a cui tutti siamo naturalmente predisposti.

Ricordate però che il primo passo per coltivare la gentilezza è rivolgerla verso noi stessi: se non siamo in grado di accettare ciò che siamo, sarà difficile, se non impossibile, aprire il nostro cuore agli altri. Amarci e accettarci nella nostra interezza è condizione necessaria per sperimentare i benefici di questa pratica trasformativa e aprire il cuore a una concreta sensazione di empatia. Ecco perché l'amore verso se stessi è centrale in questo nostro percorso verso un nuovo modello di convivenza.

La meditazione della gentilezza amorevole

Iniziamo con l'assumere una postura confortevole, seduti con le gambe incrociate e la schiena dritta. Uno degli obiettivi di questa forma di meditazione è quello di sentirci a nostro agio, per cui anche la posizione deve riflettere questa necessità. Focalizziamo poi l'attenzione nella zona del petto e inspiriamo ed espiriamo profondamente, sentendo l'aria al centro del cuore e concentrando lì la nostra consapevolezza. Continuiamo a inspirare ed espirare finché non iniziamo a percepire un calore sprigionarsi dal centro del petto. Indirizziamo questo calore verso tutto il resto del corpo e facciamo sì che pervada anche la mente. Gradualmente cerchiamo di diventare più consapevoli e attenti ai blocchi emotivi che ci impediscono di abbandonarci alla gentilezza e all'amore. Quindi apriamoci alla possibilità di condividere con gli altri questa sensazione di benessere e sorridiamo. Il sorriso aiuta a sciogliere i nodi dentro di noi. Continuando a inspirare ed espirare, ripetiamo queste frasi a bassa voce. Possiamo anche solo pensarle:

Possa io essere libero da tutti i pericoli.

Possa io essere al sicuro e protetto.

Possa io essere libero dagli impedimenti mentali.

Possa io essere felice.

Possa io essere libero da dolore fisico e sofferenza.

Possa io essere sano e forte.

Possa io vivere in pace, con gioia e serenità.

Dopodiché cominciamo a visualizzare nella nostra mente l'immagine di una persona che ci ispira una sensazione positiva. La prima persona che viene in mente è solitamente un amico, qualcuno cui vogliamo bene, a cui siamo legati, qualcuno che immediatamente suscita in noi una sensazione di vicinanza e tenerezza. Ripetiamo le stesse frasi, indirizzandole a questa persona cara: «Possa lui/lei essere libero/a...».

Dopo aver aperto il cuore e aver augurato positività a questa persona, spostiamo l'attenzione su una persona che non ci suscita particolari emozioni, né negative né positive, e ripetiamo di nuovo le stesse frasi.

Infine, e qui viene la parte più complicata, focalizziamo l'immagine di una persona che ci suscita sentimenti negativi o con la quale abbiamo un rapporto non semplice. Il consiglio, in questo caso, è di non immaginare una persona che ci procura un dolore profondo o con cui abbiamo un contrasto davvero accentuato. Se l'emozione e il trasporto sono troppo forti, c'è il rischio che ci sovrastino e rendano vani gli effetti di questa meditazione. La rabbia è un fuoco molto difficile da estinguere e in questo momento il nostro scopo non è quello di dimostrare di essere più forti delle nostre emozioni negative. Quindi, andiamo per gradi e concentriamoci su un rapporto che, comunque, siamo in grado di gestire. Ripetiamo il discorso, rivolgendolo a questa persona "difficile".

Come ultimo passaggio, apriamo il nostro cuore a tutti gli esseri viventi dell'universo. Ovviamente non è possibile amare allo stesso modo tutti, anche coloro che non conosciamo, quanto meno non lo è in una sola vita. Tuttavia l'intenzione è fondamentale, trasformativa.

Il primo dei voti del Bodhisattva, un praticante che si impegna non solo al conseguimento del proprio risveglio, ma a contribuire al benessere di tutti gli esseri umani, a cui si sente connesso in virtù del principio di interdipendenza, recita: «Gli esseri viventi sono innumerevoli, faccio voto di salvarli tutti». Un'impresa impossibile, ma il solo fatto di mettersi in questa prospettiva è il primo passo per guarire il nostro cuore e aprirlo davvero al mondo, in tutte le sue manifestazioni.

SORRISO

Osservati con l'ironia del maestro Yue-shan

Schlomo: Io volevo fare il rabbino, ma il posto era già preso. Visto che mancava il matto ho pensato: "fai il matto se no lo fanno loro".
Mordechai: E non ti senti un po' solo?
Schlomo: Oh no, non sono i matti che mancano.

Dal film *Train de vie*

Sin dalla scoperta del fuoco, dall'invenzione della ruota, nonostante le grandi rivelazioni della scienza, l'uomo, nella sua essenza, è rimasto più o meno lo stesso. La sua è stata una continua rincorsa a migliorarsi, il suo obiettivo una vita più sicura, senza pericoli. Sarebbe impossibile pensare di arginare la curiosità umana, il nostro bisogno di scoprire. Eppure il "progresso" è stato possibile quando gli uomini si sono aiutati tra loro, hanno unito le forze e si sono comportati come un corpo solo. Senza rancori, senza divisioni, senza invidia. Quando hanno dato ascolto alla propria fragilità.

Ognuno di noi ha bisogno di essere amato, capito, abbracciato, accolto. È come se in noi vivessero due persone: da un lato l'esploratore, il cacciatore e il guerriero, sempre pronti a nuove avventure, dall'altro il bambino che cerca il calore del sorriso della mamma. Queste due "anime" faticano a parlarsi e quando lo fanno, a volte, non riescono a capirsi. La prima vede il mondo come un territorio da conquistare e gli altri come degli avversari e indossa una dura corazza. Il guerriero divide, mentre il bambino cerca il contatto e ammorbidisce il cuore, perché ha bisogno di gentilezza e comprensione.

È fondamentale insegnare a queste nostre due anime a fare squadra per affrontare meglio la partita con le paure e i momenti no. Il sorriso farà da maestro. Spiega il filosofo coreano Byung-chul Han:

> Il riso possente è una grande espressione di libertà. Indica una scioltezza di spirito: «Si racconta che una notte il maestro Yue-shan salì su una montagna, guardò la luna e scoppiò in una potente risata. Si dice che la sua risata echeggiò in lontananza per trenta chilometri». Yue-shan scoppia a ridere per ogni desiderio, ogni sforzo, ogni attaccamento, ogni fissazione e ogni irrigidimento, si libera in un'infinita apertura, non limitata né ostacolata da nulla. È il suo cuore vuoto che lo fa ridere. La possente risata scaturisce dalla mente svuotata, priva di confini e priva di interiorità.[10]

Il Buddha è spesso raffigurato come un uomo panciuto dal viso rubicondo, con un sorriso gentile sulle labbra, e di una felicità che sembra irresistibile, contagiosa.

[10] Byung-chul Han, *Filosofia del Buddhismo Zen*, Nottetempo, Milano 2018.

Il consiglio che ci offre la saggezza buddhista è di «abbracciare la vita, accogliere la sofferenza con leggerezza»[11]: un compito non semplice, ma per fortuna abbiamo a disposizione uno strumento potente ed efficace, sorridere. Dopo aver imparato l'arte di essere gentili, il nostro percorso prevede la scoperta della forza del sorriso.

Quindi il suggerimento è lasciarsi andare all'ilarità appena possiamo? In realtà ridere non significa abbandonarsi agli istinti e diventare triviali e superficiali. Mangiare quando si ha fame o dormire quando si è stanchi, come sostiene il pensiero zen, non vuol dire soddisfare a tutti i costi i bisogni, le inclinazioni, gli stimoli del momento. Anzi, è proprio cercando di farlo che nascono i problemi.

Al contrario, una mente serena è quella che comprende che si può essere stanchi, affamati, tristi o irritati senza lasciare che le nostre pulsioni prendano il sopravvento. E ad aiutarci a sviluppare la leggerezza e la libertà necessarie a ridurre l'effetto delle emozioni è il sorriso. Basta un sorriso per essere semplicemente ciò che siamo. Non c'è nulla da difendere. Con una risata si può abbassare la guardia e tornare a comprendersi.

[11] La prima delle quattro nobili verità del buddhismo è infatti la verità del dolore.

DEPONIAMO LA SPADA

Vi siete mai chiesti quali sono gli ostacoli che impediscono di guardare alla vita con la stessa semplice e saggia ironia di Yue-shan? La risposta ce la suggerisce con efficacia e semplicità un brano, tratto da un libro per ragazzi:

> C'era una volta un orso con una spada. L'orso ne era molto orgoglioso. «La mia spada può tagliare qualsiasi cosa!» così diceva. E per provarla non faceva altro che tagliare cose: Zap! Zap! Zap! Un giorno per dimostrare quanto era forte la sua spada tagliò un bosco intero e si fermò soltanto perché gli era venuta fame. L'orso abitava in un fortino. L'aveva costruito lui per resistere al nemico, se mai ce ne fosse stato uno. Forse il fortino poteva resistere al nemico, ma non resistette all'acqua [che lo aveva inondato e travolto]. L'orso si arrabbiò e disse: «Troverò chi ha distrutto il mio fortino e lo taglierò in due». [...] L'orso raggiunse gli uccelli: «Siete voi che avete distrutto il mio fortino e quindi ora vi taglierò in due». «Ti sbagli» disse uno degli uccelli. «Noi non abbiamo distrutto nessun fortino [...] Ce ne stavamo sui rami dei nostri alberi quando... VRAM! Sono crollati tutti. È per questo che siamo venuti qui. C'è qualcuno nel bosco che butta giù gli alberi. È con lui che devi prendertela».[12]

[12] Davide Calì - Gianluca Folì, *L'orso con la spada*, ZOOlibri, Reggio Emilia 2008.

Provate a pensare a quante volte, in preda all'irritazione, ci comportiamo come l'orso con la spada e pronunciamo parole offensive, procurando sofferenza senza volerlo. Forse siamo stanchi o qualcuno ci ha infastidito. Magari, anche quella persona era in difficoltà o provava nei nostri confronti la stessa irritazione. Le ragioni di un contrasto sono infinite. Alla base c'è il giudizio, la netta distinzione tra "giusto" e "sbagliato". Ma più giudichiamo, più ci allontaniamo, creiamo distanza, non solo dagli altri ma anche da quella parte gentile del nostro cuore che, invece, cerca l'unione, la vicinanza. Ogni volta che giudichiamo, soffochiamo quella risata possente che è vuota di tutte le rigidità e ci sentiamo fragili, separati, inadeguati, sospettosi. Ci difendiamo. La fragilità fa paura perché non la conosciamo, non la sappiamo trattare. È come uno straniero che suona alla porta e ci chiede di entrare. Non lo conosciamo e diventiamo sospettosi, siamo in allerta. Smettiamo di ascoltare. Anzi, ascoltiamo solo la voce che, nella nostra testa, ordina: «Devi avere ragione, devi avere l'ultima parola, altrimenti dimostri di essere un debole e chissà cosa penseranno di te i tuoi cari». Ci chiudiamo nel fortino, con la spada in mano, pronti a colpire i presunti nemici e a iniziare una guerra, che non lascia sul campo né feriti né prigionieri. Piuttosto ci impoverisce, lasciandoci con un pugno di mosche in mano.

Farsi guidare dagli istinti è dunque l'opposto del

condurre una vita ispirata alla saggezza e improntata alla ricerca della felicità. Gotama usa a questo proposito una parola dal suono dolcissimo, *appamada*. Si tratta di un termine composto da due parti: la prima è *a* che significa "non", la seconda è *pamada*, che vuol dire "ubriaco". Il Buddha richiama quindi la nostra attenzione su quanto sia importante avere uno stile di vita sobrio, "non ubriaco". Quando si beve troppo, infatti, si tende a perdere il controllo, ad agire d'impulso, a compiere azioni e a dire parole di cui poi ci si pente. Perché la nostra mente non è lucida, ma annebbiata, confusa, senza freni. I nostri comportamenti non sono ispirati dal buon senso ma dagli impulsi, dagli istinti. Quando l'ira divampa è come se lasciassimo il volante della nostra vita in mano a un matto: siamo destinati ad andare a sbattere, prima o poi.

A proposito di matti, devo ammettere di essere cresciuto in una famiglia in cui non mancavano i personaggi dal carattere focoso. Tra le storie che si tramandano di generazione in generazione ce n'è una che sembra tratta da uno dei romanzi che hanno per protagonisti don Camillo, l'insolito e vulcanico parroco, e il suo avversario, il compagno sindaco Peppone. Le loro vicende, d'altronde, sono ambientate nel paese di Brescello, in provincia di Reggio Emilia, a pochi chilometri da Montecchio, dove vivevano i miei nonni. Questi scenari mi sono da sempre familiari e quando rivedo in TV qualche episodio della serie tratta dai libri di Guareschi penso sempre che a ispirarlo potrebbe essere stato qualche mio avo.

Come don Camillo, infatti, anche mio nonno Riccardo aveva il suo Peppone, zio Mondo, suo antagonista d'elezione. Erano gli anni del fascismo. Il giovane Riccardo al fascino da star di Hollywood e alla fama di rubacuori univa l'ardire strafottente dei tanti che, come lui, avevano ceduto al richiamo del baffuto dittatore. Naturalmente di opposta fazione era zio Mondo, non così prestante ma altrettanto arcigno e focoso, che aveva sposato la sorella di mia nonna. Non c'era occasione in cui i due galletti non si ricordassero reciprocamente il motivo del loro disaccordo e non c'era legame familiare che riuscisse a estinguere la fiamma che bruciava nei loro animi. Anzi, la convivenza forzata (la famiglia di mio nonno e quella di suo cognato vivevano di fronte, in due case divise solo da un filare di alberi e da un giardino), col tempo, aveva inasprito la competizione fino a trasformarla in vero e proprio odio: si dice che appena l'uno vedeva apparire in giardino il cappello dell'altro, prendeva il fucile e sparava per tenerlo alla larga. Ci sono voluti decenni perché i due rami discendenti da quegli sconsiderati avversari tornassero a parlarsi e riuscissero a guarire le vecchie ferite, causate da passioni malate, dalla rivalità politica, dagli egoismi e da rancori reconditi.

Che senso ha avuto tutto ciò? Nessuno. D'altronde l'ira, come dicevano gli antichi Romani, è una breve follia. A causa sua assumiamo comportamenti che non prenderemmo in considerazione se fossimo calmi, rilassati e in pace. L'ira è una sensazione fisica, quasi tangibile, perché non coinvolge solo i nostri pensieri, ma trasforma anche il nostro corpo e l'espressione del nostro viso, facendoci diventare dei mostri. Sul volto non c'è più spazio per il sorriso, per la comprensione. Quando lasciamo che sia l'ira a dominare le nostre azioni, a comandare il nostro esercito, mettiamo tanto noi stessi quanto gli altri in pericolo. Proprio perché siamo come un'auto fuori controllo.

Anche altre emozioni forti producono effetti simili. Prendiamo per esempio una positiva, il desiderio, che può rivelarsi una molla altrettanto potente e destabilizzante. Quando siamo attratti da una persona o vogliamo ardentemente un nuovo vestito o sogniamo una grande coppa di gelato, è come se nella nostra mente non ci fosse spazio per altro. L'unico obiettivo è soddisfare il bisogno. Ecco che, ancora una volta, alla guida della nostra anima si mette lo stesso sconsiderato pilota, che non aspetta altro che afferrare il volante e schiacciare il piede sull'acceleratore.

Lo stesso discorso vale per la tristezza. Quando siamo tristi sembra quasi che le stelle abbiano smesso di brillare e all'orizzonte vediamo solo nubi minacciose e foriere di tempesta. Finiamo per credere che non ci sia altra possibilità, che la disgrazia sia incombente. E la paura, l'ansia e l'irritazione finiscono per prendere il sopravvento.

Tutto ciò accade quando ci ubriachiamo di emozioni, di impulsi, di istinti e smettiamo di sorridere alla vita.

NULLA DI SBAGLIATO

Questo nostro atteggiamento è quindi innato alla natura umana? Dove sbagliamo? Perché continuiamo a complicarci la vita e le relazioni? Perché continuiamo a prendere così sul serio tutto ciò che succede? Perché non sorridiamo?

Secondo Gotama, "funzioniamo" così, tutto qui. Gli esseri umani sono fatti per provare emozioni. Il corpo e la mente reagiscono naturalmente agli stimoli, perché siamo vivi, come ci ricorda Epicuro. Il desiderio, la rabbia, la paura sono emozioni che hanno radici profonde, che affondano nella storia evolutiva dell'uomo, e non possono essere eliminate: nel corso dei millenni, fin da quando vivevamo nelle caverne, ci siamo ingegnati per trovare sistemi sempre più sicuri per sopravvivere e difenderci, per interpretare la realtà e avere una bussola che ci permettesse di orientarci nel mondo.

In tutto ciò non c'è nulla di sbagliato. Come un'automobile ha bisogno della benzina per far funzionare il motore, così noi abbiamo bisogno dei desideri, delle passioni, dei sogni, delle vittorie e delle sconfitte. Le esperienze ci dicono chi siamo. Ognuno percorre la propria strada, sempre diversa. Qualche volta cade, qualche volta procede a passo più veloce e più deciso. Magari, ogni tanto, ha bisogno di fermarsi a riposare per poi ripartire. Talvolta il nostro è un cammino solitario, spesso procediamo in compagnia di qualcuno. Incontreremo comunque ostacoli e difficoltà, ma non c'è nulla di sbagliato. È così che va la vita.

Quel che fa la differenza è il nostro atteggiamento rispetto al cammino. Di fronte a un episodio, a un imprevisto, a qualcosa che ci indispettisce o ci ferisce, abbiamo due possibilità: continuare a reagire seguendo l'istinto oppure cercare un approccio diverso, prendendoci il tempo per fermarci, respirare e chiederci se davvero la nostra prima reazione sia quella più adatta, più adeguata e saggia.

Spesso, le emozioni forti rischiano di trascinarci via, come il flusso di una corrente. Ci generano dentro una carica di energia esplosiva, pericolosa non solo per gli altri, nei confronti dei quali riversiamo la nostra aggressività, ma anche per noi stessi. E non è detto che ci si fermi solo alle parole, come nel caso di mio nonno e zio Mondo, che si odiavano così tanto da far divampare un incendio durato anni. Quando si è accecati dall'ira si dà il via a una catena di offese, di insulti e di gesti cui è davvero difficile mettere fine. Ma le ferite non risparmiano nessuno. L'effetto di questa negatività germoglia anche dentro di noi, come un virus, che ci avvelena.

FIDIAMOCI DEL CORPO E DEL RESPIRO

Dunque che fare? Non è sempre facile riconoscere che le emozioni stanno prendendo il sopravvento nella nostra anima, ma il corpo è più saggio della mente e può fornirci un valido aiuto. Proprio per questo Gotama, nel suo insegnamento, ci ricorda più e più volte di prestare attenzione al corpo, perché è da lì che si comincia e lì si torna per trovare la serenità.

Quindi, quando si verifica qualcosa di spiacevole che ci ferisce o ci rattrista, proviamo a far caso alla nostra reazione fisica, a cosa succede ai muscoli, al viso. Sentiamo i nervi che tirano, l'espressione che cambia e le mascelle che si irrigidiscono. Anche l'espressione degli occhi non è più la stessa. Provate a guardarvi allo specchio quando siete invasi dalla rabbia o dalla tristezza e chiedetevi: chi è la persona che sto osservando? Molto probabilmente non vi riconoscerete. Oppure, fatevi un selfie con il telefono e poi riguardatelo quando avrete ritrovato la calma. Non ha importanza se proverete vergogna o rimorso. Il punto non è punirvi o giudicarvi, ma acquisire consapevolezza di come ci trasformiamo quando siamo in balìa delle emozioni e degli istinti. Quando ci comportiamo come se fossimo ubriachi.

In questi momenti veniamo trascinati dalla corrente, come se fossimo in mezzo al mare in tempesta su una barca sballottata tra le onde. Siamo lontani dalla riva e ci sembra impossibile ritrovare la via di casa. Eppure, ci suggerisce il Buddha, un modo c'è: fidarsi del respiro.

Il respiro è sempre lì. Qualunque cosa succeda. Entra ed esce naturalmente dal naso e ci indica il ritmo della vita. Quando è accelerato come un treno in corsa rivela che siamo agitati. Riacquisirne il controllo ci aiuta a tornare a casa, se ci siamo persi. Le onde sembrano sovrastarci e la barca sta per rovesciarsi, ma eccolo lì, il nostro respiro, nonostante la tempesta continui a infuriare è sempre a disposizione.

Non occorre fare qualcosa di speciale. Non serve una particolare meditazione o un esercizio. Basta ascoltarlo, farsi guidare da lui. Sintonizzarsi. Piano piano il ritmo della nostra respirazione si calmerà, i pensieri lentamente diventeranno meno importanti, avranno meno presa.

Il respiro regola il ritmo vitale. È come l'abbraccio di una madre che dice al suo bambino: «Tranquillo, va tutto bene. Sono qui. La tempesta è finita, puoi tornare a casa». Il respiro è la nostra grande magia. Ed è una magia che abbiamo tutti, che ci rende tutti uguali. Nessuno ha un respiro "speciale". Tutti possiamo sempre tornare lì, alla condizione di partenza. Perché il respiro vuol dire vita e finché si respira sono più le cose che vanno bene che quelle che vanno male.

Una volta che ci siamo ricordati di essere vivi e abbiamo ripreso contatto con la natura del nostro essere, vedremo che il mare, piano piano, si calma. Le onde spariscono, le nubi nel cielo si diradano e fa capolino qualche raggio di sole. In lontananza appare la riva, che prima era nascosta dalla burrasca. Possiamo far ritorno in porto, di nuovo sereni: le ragioni che avevano scatenato la tempesta sembrano meno importanti, meno minacciose.

Basta riprendere a respirare al giusto ritmo e i muscoli, che prima erano tesi dal rancore o dalla rabbia, dolcemente si distendono. Lo sguardo torna più sereno e riusciamo a fare un po' di spazio alla gentilezza e alla tenerezza. Magari spunta anche un sorriso, perché finalmente possiamo prenderci meno sul serio.

LA FORZA DEL SORRISO

Una volta riacquistata la calma, proviamo a guardare la foto che abbiamo scattato quando eravamo in preda alla rabbia: non sembra quasi comica? Quell'espressione imbronciata, quello sguardo così severo ricordano quelli di un personaggio dei fumetti.

Riguardandovi forse vi verrà da ridere. E allora ridete, ridete, ridete, considerando che, quando ci prendiamo troppo sul serio, diventiamo la caricatura di noi stessi. Ridete, non solo perché vi siete liberati del piccolo mostro, ma anche perché ridere aiuta a guarire.

Se ridete, tutto il vostro corpo riderà insieme a voi

e la vostra risata sarà come un vento caldo che spazza via le ultime nuvole della tempesta. Ridete, e il sole tornerà a splendere, scaldandovi il cuore.

Ecco, ora potete compiere un altro passo. La tempesta ha fatto certamente dei danni. Le vostre parole, i vostri gesti, sono stati come una mareggiata, che si è scagliata contro la riva e ha trascinato con sé tutto ciò che incontrava. Adesso è giunto il momento di permettere a quel nuovo calore che vi è entrato nel cuore di riparare i danni e guarire le ferite. Prima di tutto le vostre ferite, quelle che il mostro della foto si è divertito a infliggervi. A volte sono ferite profonde, per risanare le quali non basterà un sorriso o un abbraccio. Ma da qualche parte bisogna pur cominciare e il sorriso è un ottimo inizio per ricostruire il ponte che conduce alla riva del cuore e portarvi la vostra gentilezza, la vostra tenerezza, la vostra comprensione, la vostra sincerità.

Rivolgendo poi lo sguardo verso la persona che è stata oggetto della vostra rabbia, vi accorgerete che la tempesta ha procurato danni anche a lei. Magari il mare non si è ancora ritirato del tutto e il sole ancora fatica a farsi spazio tra le nubi. Magari l'altro è in difficoltà e sta cercando una boa a cui aggrapparsi per fermarsi, ritrovare le forze e tornare a riva.

Ora che il respiro vi ha portato a casa e il sorriso ha guarito un po' del vostro dolore, sapete come fare. Se volete ricostruire il ponte e andare a trovare chi abita sull'altra sponda, dovete farlo insieme. Per guarire davvero avete bisogno dell'altro, di colui che fino a poco fa consideravate il nemico. Avete bisogno di ascoltarvi, di ascoltarvi con il cuore, di sentire la sofferenza altrui. Sono stati l'orgoglio, i princìpi, i giudizi, a soffiare sulle onde e a scatenare la tempesta. Sono stati loro a generare quel buffo mostro della foto. Ma il mostro ha perso la sua potenza e non fa più paura, per cui basterà tendere la vostra mano e limitarsi a dire: «Sono qui. Ho sbagliato, ma adesso sono qui e ti ascolto. Sono stato strapazzato dalla tempesta anch'io, ma adesso sono qui. Avevo perso la strada di casa, non vedevo più la riva e ti ho ferito. Mi spiace molto, ma adesso sono qui e ti ascolto».

L'ascolto profondo guarisce. L'ascolto della sofferenza di chi, come noi, è stato vittima della tempesta guarisce. Il nostro sorriso sincero, il calore ritrovato del nostro sguardo, sono le assi necessarie a ricostruire il ponte. Fatelo. Siate semplicemente lì per chi avete ferito. Respirate e scacciate le nubi, facendo spazio ai raggi del sole. Non sarà facile, se la tempesta è stata violenta. Ma è un inizio.

Abbiamo sempre la possibilità di ricominciare. Sempre. Abbiamo sempre la possibilità di tornare a casa, al caldo, alla nostra umanità. Abbiamo sempre la possibilità di ritrovare la strada di casa, perché il nostro respiro e il calore di un sorriso autentico e gentile saranno sempre lì ad aspettarci.

La meditazione della dolcezza

La meditazione della dolcezza aiuta a prendere confidenza con il proprio corpo e a rilassarne ogni parte, smorzando l'energia che, a volte, può risultare difficile da gestire.

Sedetevi comodamente a terra, usando un cuscino, in modo che possiate tenere le gambe incrociate ma senza sforzo. Oppure sedetevi su una sedia, senza che la schiena tocchi la spalliera, in modo da restare dritti e non in una posizione accasciata, un po' come il tronco di un albero, che è elastico, ma ben piantato a terra.

Poi, chiudete gli occhi e concentratevi sul respiro che entra ed esce dal naso. Sulla sensazione dell'aria fresca che entra e di quella calda che esce. Il respiro non va forzato. Non "dovete" respirare, ma semplicemente lasciarvi cullare dal ritmo normale del respiro.

Quindi spostate l'attenzione sulle braccia e poi sulle mani. Quando cominciate a sentirvi consapevoli del vostro corpo, provate a stringere i pugni e a sentire le braccia che si irrigidiscono e i muscoli che si tendono. A questo punto trattenete il respiro, poi buttate fuori l'aria lentamente.

Quando l'aria esce, rilassate le braccia e le mani. Dovreste sentirle diventare molli, mentre la tensione provocata dai pugni chiusi e dal respiro trattenuto lascia il posto alla dolcezza.

Si può ripetere questo esercizio focalizzandosi su tutte le parti del corpo, partendo dalla testa fino ai piedi.

Questa meditazione è molto adatta quando siete particolarmente agitati e non riuscite a restare concentrati per più di pochi secondi. Ma non solo: sentire il corpo che si "sgonfia" quando cala la tensione è un ottimo modo per comprendere cosa succede quando ci irritiamo: l'energia che si genera dentro di noi prende il controllo e ci rende incapaci di decidere con chiarezza. Praticare la dolcezza e la gentilezza dimostra che possiamo sentirci bene con noi stessi e con gli altri se, invece di fare i guerrieri, scegliamo un sorriso.

CONSAPEVOLEZZA

Scopri il mondo che sta dietro la tua tazza di tè

Non vorrei mai far parte di un club che accettasse tra i suoi soci uno come me.

Groucho Marx

«C'è una vecchia storiella. Due vecchiette sono ricoverate nel solito pensionato per anziani e una di loro dice: "Ragazza mia, il mangiare qua dentro fa veramente pena", e l'altra: "Sì, è uno schifo, ma poi che porzioni piccole!". Be', essenzialmente è così che io guardo alla vita: piena di solitudine, di miseria, di sofferenza, di infelicità e disgraziatamente dura troppo poco».

È facile riconoscersi in questa battuta di Woody Allen che apre il film *Io e Annie*: a volte la vita è dura, difficile. Ne sentiamo il peso e ci lamentiamo, salvo renderci conto spesso troppo tardi che sfortunatamente dura poco!

Quanti progetti facciamo come se fossimo eterni… e quanto restiamo delusi o frustrati se le cose non vanno secondo le nostre previsioni. Lasciamo che il tempo ci scivoli via tra le dita, mentre ci perdiamo nei giudizi e nelle fantasie. Ci lamentiamo in continuazione, come le due vecchiette, e finiamo per credere che in noi ci sia qualcosa di irrimediabilmente sbagliato.

Dunque, ha ragione Woody? Nella vita non c'è posto per altro che per la sofferenza o il disagio?

È curioso che alcune persone siano convinte che gli insegnamenti buddhisti guardino alla vita solo come a un'esperienza dolorosa e insoddisfacente senza spazio per la felicità.

In realtà Gotama non ha mai pronunciato la fatidica frase: «La vita è sofferenza».[13] Si tratta di una forzatura che trasforma un'analisi, piuttosto ovvia, dell'esperienza, in una «dottrina della sofferenza». I motivi sono molti, proviamo a capire quali.

FUGA DALLA REALTÀ

Partiamo da ciò che la moderna fisica quantistica ci dice sulla realtà. La scienza conferma quello che troviamo

[13] Secondo quanto sostiene lo studioso e traduttore Thanissaro Bhikkhu, «la frase: "La vita è sofferenza" dovrebbe essere un riassunto della prima nobile verità, ma la prima nobile verità elenca semplicemente le cose nella vita che costituiscono la sofferenza... La vita, noterete, non è nella lista. Le altre nobili verità continuano a dimostrare che non c'è solo sofferenza, ma anche vita. [...] Il Buddha in realtà ha detto che le persone soffrono perché si identificano con le cose che cambiano. Quando la mente è abbastanza forte da non doversi identificare con nulla, è proprio in quel momento che non c'è più sofferenza».

scritto anche nell'opera di Epicuro e Lucrezio: le cose esistono in quanto processi in costante cambiamento, sono condizioni momentanee che dipendono da altre condizioni.
Già gli antichi Greci e Latini avevano compreso che la materia di cui è composto l'universo è eterna, ma le sue combinazioni, che danno vita ai fenomeni, no.

Dunque, non esistiamo a prescindere dalla realtà, non siamo delle isole, piuttosto siamo formati da elementi che fanno parte dell'universo, che ci influenzano, ci completano, ci consentono di essere.

Anche Gotama aveva "intuito", "sentito" per usare parole sue, ciò che ci dice oggi la moderna fisica quantistica, e cioè che ognuno è un insieme di tutti questi elementi, in costante trasformazione, e nessuno di essi può esserlo in via definitiva. In altre parole, non siamo nessuno di questi elementi, e siamo tutti questi elementi contemporaneamente.

Il maestro buddhista e poeta vietnamita Thích Nhất Hạnh dice che l'uomo è come una tazza di tè. Quando ne assaporiamo un sorso, tenendola stretta tra le mani, possiamo sentire il calore del sole, il sapore dei fiori, le gocce d'acqua che cadono dalle nuvole, l'odore delle foglie del tè.

E renderci conto di quanto lavoro, di quanta collaborazione da parte di tanti uomini e donne siano stati necessari perché potessimo sedere lì, comodamente, a sorseggiare la nostra bevanda.

Ancora una volta, il richiamo è a un'estrema concretezza: l'aria, l'acqua, il sole, i fiori. Non concetti astratti, spirituali, ma qualcosa che ricorda la terra. Il nostro tè è diventato reale perché tutti questi elementi hanno contribuito a renderlo tale. Qui e ora. Questa è la condizione della realtà.

Lo sviluppo culturale dell'uomo, che è certamente un processo positivo, ha avuto però un prezzo: la perdita di questa "innocenza", della capacità di comprendere istintivamente questa condizione. È curioso constatare come certi nostri simili che hanno mantenuto un rapporto più profondo con gli elementi naturali sembrino accedere più facilmente a una sorta di sapere istintivo, quasi primitivo, che nella nostra società tecnologica è solo un lontano ricordo.

Le stime delle Nazioni Unite ci dicono che entro il 2050 oltre il settanta per cento della popolazione mondiale vivrà nelle grandi città con conseguente spopolamento delle aree rurali. In pochi anni i due terzi degli abitanti di questo pianeta passeranno tutta la propria vita chiusi in scatole di vetro, metallo e cemento, senza avere idea, forse, di come sia fatta una mucca o senza ricordare il profumo dell'erba.

Oggi la ricerca scientifica ci dice che tra i cinque sensi che usiamo per relazionarci con il mondo esterno, la vista è di gran lunga quello che ha sviluppato più recettori sensoriali. Detta in un altro modo, lo "sviluppo" culturale ci ha trasformato in esseri che si affidano prevalentemente alla vista, ma sono letteralmente menomati in quanto al sentire, al gustare, all'odorare e al toccare. Il nostro rapporto con l'esterno, cioè, non è più un rapporto diretto, ma un rapporto a distanza, filtrato.

Non esperiamo la realtà, ma la guardiamo, la valutiamo e ce ne teniamo ben distanti. La civiltà ha messo a tacere la nostra parte animale e ci ha trasformato in osservatori, la cui capacità di percepire la vita nella sua interezza è ridotta al minimo.

La prospettiva, tuttavia, non è dunque quella di tornare al mito del buon selvaggio, ma di recuperare, grazie alla pratica, confidenza, fiducia, capacità di ascoltare quello che il corpo ha da dirci. Come dice Shakespeare nell'*Amleto*, «ci sono più cose in cielo e in terra, Orazio, di quante tu ne possa sognare nella tua filosofia». Dopo millenni di civilizzazione, siamo diventati più abili e tecnologici, ma molto meno sociali, molto meno empatici.

Eppure così capaci di complicarci la vita!

ESSERE O NON ESSERE?

Per restare in tema shakespeariano, a questo punto è lecito porsi una domanda: esistiamo davvero o siamo solo un'illusione?

Certo che esistiamo, sarebbe assurdo credere il contrario.

Ma la nostra esistenza è legata alla presenza di una serie di condizioni e di elementi in costante mutamento, perché interagiscono perennemente con tutto.

L'esistenza non è dunque qualcosa di solido, immutabile, eterno, ma piuttosto una realtà mutevole, "impermanente", estremamente delicata, come la bellezza di un fiore che sboccia o di uno stormo di rondini che prendono il volo. Un attimo prima la cogli, ti perdi a contemplare questo mistero, un attimo dopo è sparita.

La vita è così. E per giungere a questa consapevolezza serve praticare. Perché il terreno su cui camminiamo è precario: oggi c'è, ma domani potrebbe franare sotto i nostri piedi.

Razionalmente sappiamo che è così, ma nel nostro intimo lo rifiutiamo.

Pensiamo che questa fragilità, questa impermanenza, non ci riguardi. Abbiamo bisogno di punti fermi, di sicurezze, di idee precise che ci aiutino a camminare nel mondo.

Non c'è nulla di sbagliato in questo. Ma quando ci aggrappiamo a queste certezze e non accettiamo il cambiamento, non facciamo altro che costruire muri che ci separano dalla vita e dalla possibilità di essere felici. È questo il cuore della saggezza. Basta smettere di restare saldi nelle proprie sicurezze per aprirsi alla possibilità di vivere e concedersi un momento di nirvana.[14]

Abbiamo l'opportunità di risvegliarci e liberarci o di incatenarci con le nostre stesse mani. *C'est la vie*, si dice in francese, *that's life*, in inglese: sono due espressioni di saggezza popolare, che racchiudono un'intuizione importante, e cioè che concentrarsi su come le cose dovrebbero essere genera sofferenza.

Questa "consapevolezza" non è teorica ma va vissuta, esperita, incarnata attraverso i sensi, il respiro, il corpo e la pratica. Ecco perché la meditazione svolge un ruolo centrale: insieme all'attenzione, rappresenta infatti il veicolo per giungere a questa "identificazione" con lo stato delle cose, con la realtà.

Non si tratta, insomma, di acquisire un sapere sull'esistenza. Non è un fatto teorico. Si tratta di praticare,

[14] Come spiega lo scrittore e studioso Stephen Batchelor, in *After Buddhism*, nella filosofia buddhista il nirvana è «inteso come un'esperienza quasi mistica nella quale un meditatore realizzato raggiunge sufficiente calma e comprensione profonda per portare la sua reattività a fermarsi in modo definitivo. Ma questa interpretazione rende il nirvana accessibile solo a meditatori esperti, e questo è in conflitto con la considerazione che lo vuole, invece, "chiaramente visibile, immediato, invitante, edificante, che deve essere personalmente vissuto/sperimentato da ogni uomo saggio..." [come disse Gotama]. Ciascuno può diventare consapevole del nirvana ogni volta che l'attaccamento, l'avversione e la confusione sono momentaneamente inattivi, a prescindere dal fatto che una persona si ritenga buddhista o pratichi la meditazione... Il nirvana è uno spazio di possibilità morale, l'ingresso a una vita etica. Questa "porta del Dharma" (come la chiamano i cinesi) è sempre aperta, ma è spesso bloccata e nascosta alla vista dalle chimere architettate da Mara».

in prima persona, questa condizione, una condizione che si verifica per ogni forma vivente.[15]

SIEDI E ASCOLTA

Nell'antica Cina la definivano «la grande questione del vivere e del morire». Ma questa "questione" non è nulla di speciale. È, piuttosto, un semplice atto: quello di sedersi e ascoltare, accogliere ciò che c'è. Con cuore e mente sgombri da ogni idea, ragionamento, opinione su ciò che è e su come, invece, dovrebbe essere o ci aspetteremmo che fosse. È una porta aperta per lasciare entrare il mistero e il sublime della vita stessa. Un mistero e un sublime che le parole non riescono a contenere e che necessitano, allo stesso tempo, di un profondo radicamento nell'esperienza per essere compresi, sperimentati, vissuti.

La nostra indagine, a questo punto, ci porta a chiederci: dato che le cose stanno come stanno, come possiamo relazionarci a esse?

È proprio a questo che serve un metodo di pratica: lo scopo non è infatti trasmettere un sapere, ma mettere

[15] A Gotama interessava davvero poco elaborare una teoria dell'esperienza e della realtà. Come egli stesso afferma: «Monaci, io non metto in discussione il mondo, ma è il mondo che si mette a discutere con me» (Cfr Samyutta Nikaya. III. 22:94).

in grado tutti di raggiungere il risveglio, di liberarsi dalle catene della reattività. In altre parole, possiamo dire che la sofferenza è causata dall'avere opinioni sulle cose, sugli eventi, sulle situazioni, mentre la libertà consiste nel lasciar andare queste opinioni.[16]

Per ottenere una sintonia più profonda con la vita non è necessario avere accesso a stati di coscienza magici e occulti, basta tornare alla realtà, alla concretezza della condizione umana più autentica. Occorre sviluppare una sensibilità, un cambio di prospettiva che il buddhismo definisce "risveglio": bisogna infatti risvegliarsi e saper guardare le cose per quelle che sono.[17] Il filosofo coreano Byung-chul Han ci aiuta a fare chiarezza con un linguaggio attuale:

> Bisogna osservare l'acqua come l'acqua osserva l'acqua. La vacuità è una gentile in-differenza nella quale chi guarda è nello stesso tempo ciò che è guardato: l'asino guarda nel pozzo

[16] Il filosofo indiano Nāgārjuna così descrisse questo approccio pragmatico e non dogmatico, dando una perfetta definizione della vacuità: «Vacuità significa lasciar andare le opinioni. Chi crede nella vacuità è incurabile». Di nuovo un monito a lasciar andare ogni preconcetto, ogni opinione, ogni idea sull'esperienza e sulla vita e immergersi in essa.

[17] *Idapaccayatapaticciasmmupada* è una stringa di nomi che compare nel Canone Pali e significa "quando questa condizione si verifica, si verifica anche quell'altra". Ogni cosa, ogni fenomeno, ogni aspetto della realtà non esiste se non in relazione a qualcos'altro, in relazione al tutto. L'insistenza sulla parola *ida*, "questo", indica un'estrema concretezza. Gotama, come direbbe Nāgārjuna, non "crede" nella vacuità, ma l'ha sperimentata. E che cosa ha sperimentato? "Questa condizione", ossia l'insorgere condizionato di tutti i fenomeni.

> e il pozzo nell'asino. L'uccello osserva il fiore e il fiore l'uccello [...] Ogni cosa rispecchia in sé il tutto; il tutto abita in ogni singola cosa: non c'è nulla che si ritragga in un isolato per-sé. Tutto fluisce. Le cose trapassano l'una nell'altra, si mescolano tra loro.[18]

Pensare che tutto resti in eterno nella forma che ha assunto inizialmente è il primo errore e reagire a questo fatto sperando che non sia così è il secondo. D'altronde è umano e naturale cercare solide sicurezze, poiché vivere nell'eterna incertezza è complesso, ma occorre comprendere che si tratta di un meccanismo mentale come un altro. Anche in questo caso, né giusto né sbagliato. È semplicemente così che funzioniamo.

Eppure ci viene offerta una speranza.

Il mondo è in fiamme, ma c'è qualcosa che non brucia, ed è la possibilità di abbracciare la vita per quella che è. Solo che per farlo occorre andare controcorrente e ragionare in un modo che è anti-intuitivo, andando contro la normale necessità di solidità e permanenza in eterno.

Identificarsi con il cambiamento invece che con le

[18] E ancora: «L'illuminazione è un risvegliarsi alla vita quotidiana. Ogni ricerca di un là straordinario fa smarrire la via. Quel che deve avvenire è un salto nel consueto qui [...] Il cuore non deve sforzarsi di cercare nulla, nemmeno il Buddha, proprio questo sforzo fa perdere la via [...] Si tratta di svuotare il cuore, di svuotarlo anche del "sacro". Camminare liberi da ogni intenzione è la via stessa.

idee cristallizzate è una sfida e la nostra grande libertà sta nel raccoglierla.

La maestra zen americana Charlotte Joko Beck diceva spesso che vivere non è niente di speciale, è solo un fatto ordinario. Camminare lungo la strada di una vita ordinaria è come camminare su un lago ghiacciato: prima o poi si scivola e si cade. Evitarlo è impossibile e nel cadere non c'è nulla di sbagliato. Basta semplicemente rialzarsi e riprendere a camminare. A fare la differenza è il modo in cui lo facciamo, e cioè la pratica.

Quest'ultima in fondo non è altro che capacità di esprimere ciò che siamo al di là delle nostre aspettative e dei nostri giudizi su come la vita dovrebbe essere, la capacità di andare oltre la frustrazione per ciò che non è. Per dirla alla Woody Allen, la pratica è la capacità di apprezzare le porzioni piccole, pur sapendo che non saranno sufficienti a saziare il nostro appetito.

È difficile, certamente. Ma ognuno di noi avrà sperimentato, in un lampo di consapevolezza, che è possibile. Questi momenti di profonda intuizione sono come una visione in cui la saggezza diventa attiva, per trasformarsi in un'occasione di risveglio e di guarigione: è come se vedessimo un lago ghiacciato e, sebbene consapevoli del fatto che prima o poi cadremo, decidessimo di camminarci su. Lo facciamo e basta. Diventiamo tutt'uno con il momento, con la realtà.

La vita non va pensata, va vissuta. Bisogna viverne ogni istante. E ogni volta sarà diverso. Guardare il dito che indica la luna, per usare un'immagine molto comune nel buddhismo e non solo, non vuol dire aver visto la luna.

Un giorno Madre Teresa fu intervistata dal giornalista di un famoso quotidiano americano. A un certo punto, questi si fece coraggio e le chiese: «Ma lei parla con Dio?», e Madre Teresa rispose: «Certamente!». Allora l'intervistatore la incalzò: «Ah bene, e Dio cosa le dice?». «Nulla, ascolta e basta.» Sorpreso, lui continuò: «Dunque, se Dio ascolta e basta, cosa dice lei a Dio?». «Nulla, ascolto e basta.»

Questo dialogo ricorda molto alcuni racconti della tradizione zen, in cui il discepolo pone una domanda sul senso della vita o degli insegnamenti e si sente rispondere «una fetta di torta», oppure «lava la tua tazza». Uno di essi ha per protagonista un giovane monaco, che si recò da Bodhidharma, un famoso saggio indiano e gli chiese: «Maestro, sono disperato, per quanto mi applichi e mi sforzi, non riesco a venire a capo dei miei pensieri o a trovare requie nella mia mente. Ti prego, liberami». Bodhidharma lo guardò e rispose: «Va bene, tu portami la tua mente e ti libererò». Il giovane se ne andò, rincuorato, ma dopo un po' di tempo tornò ancora più sconfortato: «Ho seguito il tuo consiglio» disse. «Ho cercato ovunque dentro e fuori di me, ma non sono riuscito a trovare la mia mente!» «Vedi?» rispose l'anziano maestro. «In questo modo ti ho liberato!»

La tradizione zen è ricca di storie come questa, che trasmettono un senso di immediatezza che va oltre le speculazioni. In questi testi si parla di rane, di canneti, di oche che volano, di campi coltivati, di fiori e cipressi in giardino. Tutti sinonimi di una sola parola: vita, realtà.

E per comprendere come la pratica ci permette di entrare in contatto con la realtà e realizzare il mistero della vita, ci vengono in aiuto le parole di un maestro zen cinese del sesto secolo, Deshan Xuanjian, il quale disse: «I testi sono scritti dai diavoli, sono carta per pulire le bolle infette della pelle [...], sono solo fantasmi che custodiscono cimiteri. Nessuna di queste cose vi salverà mai». Deshan in un certo senso la pensava in maniera molto simile a Madre Teresa, e quindi esortava i suoi seguaci a non concentrarsi sulle teorie, ma sulla pratica, appunto, sull'ascolto.

E la pratica si basa su un concetto di fondo, una condizione universale che tutti viviamo, sebbene ognuno in modo diverso, e cioè che oggi esistiamo, ma domani chissà. Accettandolo ci concediamo lo spazio, l'opportunità, per fermarci e per fermare le mille evoluzioni della nostra mente. Lasciamo emergere così la nostra autenticità, la saggezza. Che non è lontana, è qui. Adesso. In questo sentire gentile.

Ecco perché gli insegnamenti buddhisti non sono tanto una religione e ancor meno una raffinata psicoterapia, quanto piuttosto una ricerca filosofica e di senso sul fatto incontrovertibile che oggi siamo vivi, che sperimentiamo gli aspetti che caratterizzano l'esistenza, e che un giorno, non sappiamo quando, dovremo morire.

La meditazione del fiore

In questa meditazione il fiore diventa il nostro maestro e ci riporta all'immediatezza dell'esperienza di cui abbiamo parlato in questo capitolo. Il fiore ha molto da insegnarci, e per lo più lo fa silenziosamente, senza spiegazioni o speculazioni di sorta. Grazie a questa meditazione potremo entrare in contatto con le nostre qualità e la nostra stessa gentilezza.

Concentriamoci per qualche istante sull'immagine di un fiore. Non perdiamo troppo tempo a scegliere quello adatto. "Guardiamo" con gli occhi della mente il primo fiore che ci si presenta alla memoria. Oppure, se ci troviamo in campagna o in un parco, guardiamo un fiore vero.

Dopo che il fiore ci ha rilevato la propria freschezza, cerchiamo di scoprire anche la freschezza che è in noi, di sentire l'energia della presenza mentale che ci abita, quella della solidità, della saggezza, e poi della compassione, della pace e della libertà.

Come ci insegna il maestro Thích Nhat Hanh:

> Ognuno di noi è un fiore, ma qualche volta siamo un po' appassiti e abbiamo bisogno di riacquistare vigore. Noi fiori umani abbiamo bisogno di aria. Se inspiriamo ed espiriamo profondamente, in modo cosciente, rifioriamo immediatamente. Possiamo respirare seduti, stando in piedi, coricati o camminando: dopo pochi minuti avremo riacquistato abbastanza freschezza da poter condividere il nostro fiore con gli altri. I nostri amici hanno bisogno che noi siamo un fiore. Qualche volta potranno sentirsi tristi, ma nel vederci felici si ricorderanno del loro fiore e torneranno a sorridere. Ci sosteniamo l'uno con l'altro. Se sappiamo come far rivivere il nostro fiore quando non è più molto fresco, stiamo veramente servendo la comunità.[19]

A questo punto, possiamo vedere la doppia natura del fiore: c'è sia il profumo sia l'aspetto maleodorante del concime che ne ha permesso la crescita, proprio come in noi ci sono sia qualità sia difetti, sia gioia sia sofferenza.

Infine, grazie al fiore, abbiamo la possibilità di contemplare la realtà dell'impermanenza, poiché esso presto appassirà, proprio come il nostro corpo, che è gradualmente destinato all'invecchiamento.

Mentre meditiamo possiamo recitare mentalmente questi versi:

> Inspirando, so che sto inspirando.
> Espirando, so che sto espirando.
> Inspirando, mi vedo come un fiore.
> Espirando, mi sento fresco.

[19] Thích Nht Hnh, *Toccare la pace: la pratica dell'arte di vivere con consapevolezza*, Ubaldini, Roma 1994.

Inspirando, mi vedo come una montagna.

Espirando, mi sento solido.

Inspirando, mi vedo come uno specchio d'acqua.

Espirando, rifletto tutto ciò che è.

Inspirando, mi vedo come spazio.

Espirando, mi sento libero.

RICERCA INTERIORE

Concentrati e fa' pace con lo spazio e con il tempo

Mattino dell'anno nuovo
l'anno passato brucia ancora
nella pentola.

Hino Sōjō

Il nostro percorso prevede ora l'esplorazione di quattro elementi – il silenzio, la solitudine, lo spazio e il tempo – che possono determinare l'esito della ricerca interiore. Sono quattro porte che ci consentono un contatto più profondo con la natura, con un modo di stare nel mondo più autentico, quattro indicatori che ci aiutano a comprendere quanto siamo vicini o distanti dalla felicità.

Qualche estate fa ero in vacanza nel Nord della Norvegia con mia moglie Monica. Un giorno ci imbarcammo sul traghetto che costeggia i fiordi fino al Circolo Polare Artico. Dopo alcune ore di navigazione, il capitano annunciò una fermata in un luogo dal nome impronunciabile. Dal finestrino si poteva scorgere solo un pontile in legno, due casupole in tipico stile scandinavo, una distesa di mare scuro come la pece e boschi di betulle a perdita d'occhio. Il fumo che usciva da un comignolo era l'unico segno di vita. Eravamo giunti a destinazione. Come moderni emuli di Marco Polo o Magellano, impiegammo pochi minuti a prendere confidenza con la landa brulla, senza rocce, con gli scogli che la foresta e il freddo ci concedevano di esplorare. Il menu del posto di ristoro per "turisti" prevedeva aringhe e pane nero, dolcetti alla cannella, caffè caldo e un dolce a base di una salsetta rossa e burro. Non c'era competizione: la sorte non ci aveva fatto affamati pescatori di balene e il richiamo del Polo all'orizzonte era irresistibile. Così, seduti con le gambe a penzoloni sulla banchina che cigolava e dondolava a ogni onda, sperimentammo una immersione negli elementi della natura e una pace che raramente avevamo provato prima. Mentre lo sguardo si perdeva lontano e il vento soffiava via i pensieri, con il mare antico sotto di noi, eravamo diventati parte di quel mistero. La solitudine silenziosa pronta a cogliere i suoni gentili della natura aveva eliminato il tempo e lo spazio. Incontrare Thor o un guerriero vichingo in viaggio verso il Valhalla non sarebbe stata certo una sorpresa.

IL SILENZIO

L'Antartide è il luogo più silenzioso in cui sia mai stato. Sono andato da solo al Polo Sud, e in quel paesaggio monotono che

> si stendeva innanzi a me a perdita d'occhio non si udivano altri rumori umani se non i miei. Da solo sul ghiaccio, circondato da un grande nulla bianco, riuscivo a sentire e percepire il silenzio.[20]

Questo silenzio di cui parla lo scrittore ed esploratore norvegese Erling Kagge è quel genere di esperienza che ci mette di fronte a noi stessi senza mediazioni, in un modo istintivo, primitivo, quasi animale. Allo stesso modo, mentre siamo intenti a riflettere sulla vita, a un tratto arriva una notizia inaspettata, e improvvisamente cambia la prospettiva, cambiano le priorità, veniamo letteralmente scaraventati in mezzo alla corrente di un fiume impetuoso. In quel preciso istante la vita smette di essere una teoria, una filosofia, e diventa realtà. Urgente, imminente, senza mediazioni. Accade, senza avvisare, senza appello, senza pietà. Ci lascia attoniti e nudi di fronte all'immensità del suo mistero, spazzando via in un sol colpo ogni difesa, ogni fortificazione, ogni punto fermo. In quel momento diventiamo noi stessi il mistero. Non c'è più la paura, non ci sono più passato e futuro, ci siamo solo noi, con la nostra umanità, la nostra fragilità. Come su quel pontile della Norvegia, in momenti come questi il mistero ci avvolge e spezza le catene del sogno, del sonno della mente, per farci risvegliare nel presente, per tornare all'esperienza e viverla. Stare costantemente sulla cresta dell'onda del

[20] Erling Kagge, *Il silenzio*, Einaudi, Torino 2017.

mistero però non si può, si può soltanto viverne la momentanea “magia”.

Se fosse una condizione perenne, il silenzio perderebbe questa sua capacità generativa. Ma praticato in maniera episodica consente alla mente di esercitarsi ad andare oltre la routine e a favorire l’immersione nella realtà. Gli indiani d’America, ad esempio, quando dovevano prendere decisioni importanti, erano soliti sedersi intorno al fuoco, sotto il *tepee*, e dopo aver preparato la scena con tutti gli oggetti rituali, accendevano una pipa che si passavano l’un l’altro. La pipa era il solo oggetto parlante. La maggior parte di questi simposi avveniva senza che venisse pronunciata una parola, eppure alla fine gli anziani prendevano la decisione più adatta alla circostanza.

Nonostante questo suo valore creativo, il silenzio a volte ci sembra innaturale. L’essere umano, d’altronde, è fatto per comunicare: il linguaggio conferisce senso al nostro agire, rende possibile la reciproca comprensione. Tuttavia, il tipo di silenzio cui si fa riferimento nella pratica non è una semplice assenza della comunicazione verbale, piuttosto ha a che fare con ciò di cui abbiamo parlato nelle pagine precedenti, a proposito del racconto sul maestro Yue-shan: la sua potente risata non nasce da una battuta o da un episodio divertente, ma da un fatto quasi banale, dal guardare la luna che splende ogni notte e comprendere quanto gli accadimenti della vita siano, in fondo, una commedia ridicola. Senza bisogno di parole, senza la necessità di verbalizzare questa intuizione. La relazione con l'universo avviene a un livello più profondo, nasce dalla capacità di lasciarsi incantare dalla vita.

L'importanza che viene data al silenzio nella meditazione non è dunque volta a soffocare ogni forma di espressione umana o a far sì che ci si chiuda in una dimensione mistica. Al contrario, serve a valorizzare quei momenti di autenticità in cui siamo disponibili e liberi di aprirci e scherzare persino con la luna! Si tratta di un silenzio attento, un silenzio consapevole di ogni elemento che ci circonda.

LA SOLITUDINE

Il silenzio consapevole è simile a quella forma di solitudine di cui parlava lo scrittore francese Montaigne:

> Non basta l'essersi allontanati dalla gente; non basta cambiar luogo, bisogna allontanarsi dalle inclinazioni comuni che esistono in noi; bisogna sequestrarsi e isolarsi da se stessi [...] Ora, poiché ci accingiamo a vivere soli e a fare a meno della compagnia, facciamo sì che la nostra soddisfazione dipenda da noi. Sciogliamoci da tutti i vincoli che ci legano agli altri; conquistiamo davvero su noi stessi il potere di vivere soli e di vivere a nostro bell'agio.[21]

[21] Michel de Montaigne, *Saggi*, Bompiani, Milano 2012.

La solitudine, in questo caso, è una condizione che ci consente di individuare i meccanismi che impediscono le relazioni e favorisce, invece, la preparazione del terreno in cui esse possono prosperare.

In realtà possiamo quindi paradossalmente parlare di silenzio e solitudine "relazionali", poiché qualsiasi relazione perché sia feconda deve essere il risultato di un processo di consapevolezza che parte appunto da una solitudine silenziosa.

Quest'ultima è la condizione necessaria per favorire lo stato di concentrazione e contemplazione, è una solitudine piena, ricca, è la solitudine della generosità, grazie alla quale facciamo spazio per noi stessi e per gli altri. Proprio per questo costituisce un elemento propedeutico, è una specie di incubatore della relazione. Non una relazione superficiale, ma una relazione che potremmo definire spirituale, resa possibile dal fatto che finalmente siamo riusciti a trovare lo spazio per guardarci nel profondo e mettere da parte per un po' il peso e le ragioni del nostro io.

La solitudine così intesa è un luogo non vuoto di presenza ma pieno del mondo, in cui possiamo smettere di autodefinirci, di affermarci, uno spazio creativo e generatore.

Lo sostiene anche il rabbino Haim Fabrizio Cipriani che, in un post su Facebook, ha raccontato un'esperienza simile:

Ieri, in un luminosissimo pomeriggio di Shabbat autunnale, passeggiavo in un luogo che amo molto, l'animatissimo Naschmarkt di Vienna. Effluvi, aromi e colori di ogni tipo si contendevano la mia attenzione: glühwein, formaggi, carni, specialità russe, libanesi, polacche, coloratissime varietà di frutti canditi, strudel, knödel... Quasi stordito da queste sollecitazioni, mi sono recato nella parte finale del mercato, quella meno densa e frequentata, oltre che più luminosa e soleggiata. Prendendo un po' di distanza, ho potuto allora vedere le cose diversamente. Essere immersi in quell'oceano di stimoli senza poterne approfittare davvero era un'esperienza estremamente interessante. Durante Shabbat, vige fra l'altro la proibizione di utilizzare denaro, che rende impossibile acquisti di qualsiasi genere... Questo mi ha fatto riflettere su un aspetto a mio avviso prezioso dello Shabbat, quello della pura contemplazione della bellezza e della varietà del mondo.

Insieme all'incanto, dunque, la ricerca della saggezza e il lavoro filosofico anticipano nel silenzio e nella solitudine il lavoro della pratica, che riguarda innanzitutto la costruzione della relazione. Ma questa relazione diventa possibile solo in mancanza di elementi che ne impediscano la realizzazione. Non si tratta quindi di liberare spazio nella mente per metterci altro. Al contrario, si rende la mente più aperta a ospitare ciò che la vita ci presenta, proprio perché non ci sono ostacoli per accoglierlo. Silenzio e solitudine sono i prerequisiti che permettono questo tipo di lavoro e si intrecciano quindi, nel percorso buddhista, con l'altro elemento importante per la ricerca della saggezza, ovvero lo spazio.

LO SPAZIO

È interessante a questo proposito notare la differenza nel modo di concepire lo spazio tra la cultura orientale e quella occidentale. Per noi occidentali, lo spazio è un luogo da riempire, essenzialmente una mancanza. Lo spazio per noi è un luogo vuoto, che non è completo finché non viene riempito da elementi, siano persone o oggetti. Per rendere l'idea, basti pensare a una frase del tipo: «C'è ancora spazio per i bagagli?».

Nella cultura orientale, al contrario, lo spazio è l'assenza di resistenza, l'assenza di ostacoli che ci permette di procedere sulla strada. Non è un luogo, ma una condizione in cui non c'è nulla che impedisca di andare dal punto A al punto B. Lo spazio non è separazione, è connessione, opportunità. Non c'è vuoto, non c'è solitudine, come normalmente li intendiamo. Piuttosto, come il silenzio e la solitudine, lo spazio è la condizione necessaria che permette la creazione di nuove situazioni e grazie alla meditazione possiamo sperimentarla e scoprire quanto il vuoto possa essere pieno di vita.

Nella lingua cinese, ad esempio, la parola *tao* significa sia "via" sia "percorso", un'idea di spazio, dunque, inteso come possibilità di procedere sulla strada. La stessa cosa vale per l'inglese *way*, che significa sia "strada" sia "modo". La strada e il modo di percorrerla sono dunque un'unica cosa: non si danno né una strada preesistente né una specifica maniera di procedere, ma una via in costante trasformazione che, pur aprendosi in ogni direzione, fa continuamente ritorno a sé. Il Tao è uno dei più importanti concetti del pensiero cinese: il passaggio, lo spazio così inteso, più che un sentiero fisico, reale. Più che un luogo da riempire, è lo spirito del mutamento cosmico, una spirale, simbolo caro alla tradizione taoista.

Il buddhismo introduce un'idea simile legata al concetto di spazio, che è la vacuità. Si tratta di un termine oscuro, spesso frainteso e altrettanto di frequente associato alla mancanza, al vuoto, all'assenza.

In realtà, la vacuità ha due risvolti, uno psicologico e l'altro fisico. Ci aiuta a capirlo una mente brillante e dissacrante, un filosofo buddhista indiano di nome Nāgārjuna che visse nel secondo secolo dopo Cristo, il quale definiva la vacuità in due modi: prima di tutto come il momento in cui si lasciano andare tutte le opinioni e dunque si fa spazio nei nostri pensieri, abbandonando i pregiudizi. Ma non solo: Nāgārjuna dice anche che la vacuità è la via di mezzo, tra l'esistere e il non esistere. È dunque un processo che riguarda la materia, una realtà in continua trasformazione. La sua visione è modernissima e coincide perfettamente con quanto sostiene la fisica quantistica.

Se ci immergiamo nel fluire della vita, infatti, con la mente aperta, riusciremo a sperimentare, sentire molto concretamente questo flusso, questa energia che scorre, questo continuo cambiamento. I Greci lo avevano intuito, e la scienza lo ha confermato: ogni forma di vita è una combinazione di particelle elementari che si aggregano per un po', permettendoci di esistere. Ma dato che esse sono in continuo movimento, quando cambieranno direzione o composizione non esisteremo più. Ecco cos'è la vacuità.

Per noi occidentali, lo spazio è qualcosa che provoca inquietudine, e compulsivamente cerchiamo di riempirlo, come se fosse un'altra sollecitazione per la nostra tendenza a controllare tutto; per il pensiero orientale invece, lo spazio è una condizione di pace, di completamento, di immersione profonda nella realtà, nella concretezza, nella natura.

IL TEMPO

Vi ricordate del Bianconiglio di *Alice nel Paese delle Meraviglie* che correva con un grande orologio in mano e urlava: «È tardi, è tardi!?» Ecco, a ben pensarci, anche noi viviamo gran parte della nostra vita in questo modo.

Ne ebbi conferma durante una settimana di ritiro, in un centro di meditazione nella contea del Devon, in Inghilterra: dopo i primi giorni, immerso nel silenzio e nella quiete, senza l'ingerenza di dinamiche esterne, iniziai ad avere la sensazione che il tempo si fosse dilatato, fino a perdere la percezione precisa dei suoi confini. Era come se fossi meno interessato a quale giorno era. Persino le tappe che scandiscono la giornata, come i pasti o il sonno, nel susseguirsi delle ore di meditazione assumevano una diversa ritualità e il corpo reagiva in modo nuovo ai normali stimoli fisici, che diventavano quindi, per così dire, secondari. Era come essere parte di un "tempo zero" che si ripeteva, di giorno in giorno, con lo stesso tenore, con lo stesso sapore. E persino le sensazioni, i pensieri, le emozioni si erano "adeguati" a questa nuova percezione. Ovviamente perché tutto ciò sia possibile è necessario che si verifichi una precisa condizione, cioè quella di vivere, per un periodo circoscritto, in un contesto apertamente e consapevolmente diverso da quello che sperimentiamo nella vita quotidiana.

Da tutto ciò deriva che se la qualità del tempo, nello specifico del tempo meditativo e contemplativo, dipende da una scelta, perlomeno in parte, ciò significa che la normale percezione del tempo stesso è profondamente condizionata dagli schemi e dalle caratteristiche che proiettiamo su di esso. In quello che abbiamo definito "tempo rituale", invece, possiamo sperimentare la presenza di un altro tempo, di un tempo più profondo, un tempo ancestrale, una sorta di tempo biologico, cui si accede perché lo stato della mente e della coscienza non è disturbato dalla reattività tipica della quotidianità. È come se venisse aperta una porta di ingresso a un'altra dimensione, che non è affatto oltre questo mondo, ma anzi è ancor più profondamente radicata nel nostro presente, grazie all'assenza delle distrazioni e delle sollecitazioni del vivere comune.

Per comprendere questo rapporto tra distrazione e percezione del tempo proviamo a fare un esperimento: contiamo quante volte, nell'arco di un'ora, ci fermiamo a guardare l'orologio. Non si tratta semplicemente di un automatismo ansioso, ma di un profondo condizionamento. Siamo spinti a essere efficienti, a stabilire degli obiettivi, programmarli e raggiungerli. Scandire la durata delle nostre giornate in comparti chiaramente identificabili ci rassicura sul fatto che il flusso del tempo vada esattamente nella direzione in cui vogliamo, come se costruissimo degli argini per guidare la corrente del fiume. C'è un tempo per svegliarsi, un tempo per la colazione, per vestirsi, per andare in ufficio, per pranzare, tornare a casa, cenare e dormire. Poi risvegliarsi e ricominciare da capo.

Questa ritualità però fa sì che viviamo in un tempo

convenzionale, illusorio, slegato da quello che invece è il tempo biologico, naturale, fisico. Il tempo convenzionale è quello delle macchine, degli smartphone, del web, un tempo astratto, vuoto, che si è sostituito al tempo vissuto e ci ha fatto perdere contatto con le nostre radici. Questo tempo artificiale è desolante, si esaurisce in un susseguirsi di istanti, non costruisce nulla. È un tempo inconsapevole del prima e del dopo. Anonimo.

Più continuiamo a inseguire questo tempo illusorio, più aumentano alienazione e frustrazione. Il tempo non è "in nostro possesso" e non reagisce al nostro volere. Nonostante la profonda convinzione che la vita proceda verso un traguardo più o meno definito, la realtà e la scienza ci dimostrano che tempo e spazio non sono concetti assoluti, ma in continuo mutamento,[22] sono cioè fisici e impermanenti.

Il tempo, in particolare, è uno dei quattro elementi che costituiscono la struttura quadridimensionale dell'universo (gli altri tre sono lunghezza, larghezza e profondità) e rappresenta il "palcoscenico" sul quale si svolgono i fenomeni fisici. Insomma, non è affatto un'idea, una teoria filosofica, una percezione, ma ha una sua consistenza, una vita, un'energia, come ogni altro elemento della natura e "funziona" in base a del-

[22] Si vedano, a questo proposito: Carlo Rovelli, *L'ordine del tempo*, Adelphi, Milano 2017 e Stephen Hawking, *Le mie risposte alle grandi domande*, Rizzoli, Milano 2018.

le regole che cambiano a seconda delle circostanze, e possono essere più o meno influenzate da altri corpi fisici che interagiscono con esso.[23]

Eppure, normalmente siamo così lontani dal concetto di tempo lento, biologico, a sé stante, che quando uno scienziato come Stephen Hawking suggerisce l'idea che il nostro universo possa aver avuto origine da un buco nero e da un tempo e uno spazio sostanzialmente immobili, stentiamo a crederci. È così radicata nel nostro immaginario l'idea che il tempo sia una freccia lanciata con lo scopo di raggiungere un obiettivo che ci risulta oscura ogni altra definizione.

Ecco perché l'idea orientale di un tempo senza inizio né fine, ripiegato su se stesso come una spirale, è così ardua da comprendere. Nella moderna società occidentale, il concetto di tempo si fonda invece su una convinzione culturale e su un condizionamento sociale. La dimensione del tempo, per così dire, prevale su quella biologica. In pratica pretendiamo di guidarlo senza conoscerlo, lo concettualizziamo avendone però perso il senso più profondo.

Ed è a questo che invece dobbiamo tornare.

[23] Il pensiero occidentale, praticamente fino a Einstein ha considerato il tempo come qualcosa di assoluto e immutabile, un punto fermo su cui edificare la propria teoria del tutto. E non solo sotto il profilo scientifico, ma anche su quello psicologico e religioso o spirituale. È stata la teoria della relatività a demolire letteralmente il concetto di spazio e di tempo come entità assolute e separate l'una dall'altra.

TORNARE ALLA NATURA

Alcuni anni fa fece scalpore un film che sembrava voler scuotere l'assopita coscienza ambientalista. *Into the Wild* era tratto da un libro e raccontava la storia, vera ed estrema, di Christopher McCandless, un ragazzo che decide di abbandonare gli agi e le comodità e di rinunciare a ogni contatto con la civiltà per rifugiarsi in un pulmino abbandonato in mezzo alla steppa nel grande Nord del continente americano.

La sua decisione era ispirata a un classico della letteratura dell'800, *Walden* di Henry David Thoreau, un racconto autobiografico sui due anni che lo scrittore trascorse in una capanna in mezzo ai boschi del New England e sulla sua esperienza di profondo contatto con la natura. Dopo questo periodo Thoreau decise di tornare in città e raccontare al mondo ciò che questa esperienza gli aveva insegnato.

Il giovane protagonista del film, invece, muore di stenti. Le sue ultime parole riprendono un passaggio di Tolstoj: «La felicità è reale solo quando condivisa». La pratica buddhista non nasce per portarci in dimensioni ultraterrene ma per risvegliarci alla concretezza dell'esistenza. Tutto ciò che ci allontana da essa, come l'esperienza estrema del ragazzo di *Into the Wild*, non è risveglio ma alienazione. E Thoreau lo aveva ben compreso.

La pretesa che il silenzio, la meditazione, la contemplazione, abbiano di per sé un valore ed elevino chi li coltiva a uno speciale status dello spirito vuol dire trasformarli in oggetto di culto, portarli a un livello simbolico. Come se, in questi stati di coscienza e solo in questi, si potesse avere accesso a una qualche verità ultraterrena.

Il rischio, senza giungere agli estremi di Christopher McCandless, è quello di prendersi molto sul serio e scollegarsi dalla realtà invece di viverla. L'eccessiva enfasi che in certi ritiri di meditazione viene posta sullo sforzo nel mantenere l'isolamento risponde proprio a una tradizione ascetica che ha come obiettivo quello di trascendere il corpo per avere accesso a una dimensione puramente spirituale, una sorta di "condanna" della fisicità, del nostro stato naturale.

Lo stesso Gotama, dopo la propria crisi esistenziale, vagò per il nord dell'India e si sottopose a ogni genere di pratica ascetica. Dopo sei anni, rimanevano di lui solo le ossa e la pelle. Uno stato di deprivazione ben raffigurato in certe statue che ne ritraggono la figura cadaverica. Un giorno in più e sarebbe morto. Fu allora, racconta la leggenda, che incontrò una giovane contadina, la quale impietosita gli offrì una ciotola di cibo. Nonostante lo sdegno dei suoi compagni di sventura, lui accettò e così comprese che la strada per ritrovare il contatto con la vita non è quella che porta a negarla ma quella che prevede un giusto equilibrio, la famosa via di mezzo, tra decisione e gentilezza, consapevolezza e compassione.

Gli stati meditativi non sono dunque un obiettivo da raggiungere o un ideale da emulare. Come un contadino sa bene quali sono le pratiche da utilizzare perché un campo diventi rigoglioso, allo stesso modo, colui che pratica sa che silenzio, solitudine e meditazione preparano il terreno per entrare in più profonda sintonia con il tempo naturale e con lo spazio e per aprirci al sublime.

Il poeta epicureo latino Lucrezio, a proposito di questa capacità di stupirsi, scrisse:

> Pensa anzitutto al terso e luminoso colore del cielo, a quanto in sé raccoglie, alle stelle che errano in ogni sua parte, alla luna e allo straordinario splendore del sole: se tutto questo, ora, apparisse per la prima volta ai mortali, se tanto spettacolo s'offrisse d'improvviso e inatteso allo sguardo, che mai potrebbe dirsi di più prodigioso di questo, o che prima gli uomini meno osassero ritenere possibile?
> Nulla, io credo, tanto questa visione apparirebbe stupenda. Eppure chi mai, stanco già di vederle, si degna di levare lo sguardo alle splendide regioni del cielo?[24]

Siamo così abituati al cielo e così poco abituati al silenzio, a stare con noi stessi: è per questo che non riusciamo a vivere in modo libero e autentico.

Una volta che siamo tornati in sintonia con la dimen-

[24] Lucrezio Tito Caro, *La natura delle cose*, traduzione di Ugo Dotti, Feltrinelli, Milano 2015.

sione naturale, ecco che sorge l'intuizione, l'ispirazione, il risveglio, ovvero ciò che nella lingua giapponese viene definito *satori*. Il *satori* è fondamentale per restituire autenticità all'esperienza: perché l'ispirazione rompe gli schemi del pensiero razionale e restituisce autenticità all'agire umano, permettendoci di percepire lo scorrere di un tempo permeabile agli elementi del mondo, che li invita a essere parte di noi. L'ispirazione recupera l'istinto magico della creazione e ci connette con il tempo del sogno, con quella conoscenza dei segreti del mondo naturale che si tramanda dalla notte dei tempi e che non è magia né stregoneria.

L'arte, in ogni sua forma, è l'esempio più alto di questo tipo di ispirazione espressiva, la manifestazione del sublime, del battito del cosmo che ci si svela. Ha un suo tempo e un suo spazio, primordiali, avvolgenti e avulsi dal tempo e dallo spazio di chi ne fruisce.

Questi sono i veicoli che la cultura occidentale offre alla ricerca del tempo primordiale. Ma non solo. Proprio il moderno successo delle discipline meditative svela, in realtà, una nostalgia per una condizione che non ci è affatto aliena, benché gli sforzi per eclissarla siano stati poderosi. Ridurre la cultura occidentale alla pura razionalità è un abbaglio. Il nostro bisogno di tornare alle radici è forse oggi più forte che mai.

Il richiamo della natura muove l'uomo da millenni: esiste tuttora una tribù di aborigeni che attraversa l'Australia seguendo le cosiddette vie dei canti, le "piste del sogno" fatte di sentieri visibili solo ai loro occhi. Non si tratta di astrazione ma di totale immersione nell'energia del mondo, poiché non esiste separazione tra la dimensione che definiremmo "interiore" e quella "esteriore".

Questa è l'esperienza del sublime che facciamo quando consentiamo a noi stessi di muoverci senza uno scopo.

Quando sono in viaggio, in una città che non conosco, cerco di trovare un po' di tempo per gironzolare qua e là alla scoperta di angoli nascosti. Mi fermo a guardare un raggio di luce che risplende su una finestra, i panni stesi al sole, i bambini che giocano nei cortili, i locali pieni di persone, e provo a immaginarmi le loro storie, mi invento dei nomi e spesso scrivo questi racconti su un vecchio quadernetto Moleskine che porto sempre con me. Lo stesso mi succede negli aeroporti, quando, tra un volo e l'altro, lascio che il fiume di viaggiatori che mi passa davanti agli occhi stimoli la mia fantasia e sorprenda le mie certezze.

Ecco, quando riusciamo a mettere da parte ogni programma, ogni istinto di controllo, ogni attitudine a finalizzare e parcellizzare, emerge l'incanto, la magia, l'immanenza. Quest'energia, questa forza naturale, diventa il motore della nostra esperienza, un'esperienza non solo del luogo e dello spazio ma anche del tempo come elemento fisico dell'universo. Quest'ultimo, infatti, rallenta, diventa solido, acquisisce un significato perduto. Diviene il tempo del vagare, dello scoprire, del ritornare bambini, della semplicità, della luminosità non oscurata da paure, pregiudizi e schemi mentali. Vagabondando riscopriamo il nostro nomadismo, la naturale non appartenenza a nessun luogo e dimentichiamo il bisogno della proprietà. Non consumiamo l'esperienza ma la interiorizziamo, facendo tesoro di questo tempo arcaico, di un tempo non condizionato dalla nostra proiezione, dalla volontà.

Il filosofo ebreo olandese Spinoza sosteneva che l'uomo ha l'illusione di essere libero perché non riconosce le leggi della natura che lo vincolano. L'assonanza con il pensiero buddhista è molto forte. Il processo della meditazione, infatti, porta esattamente alla riscoperta di questo stato naturale, primordiale e immanente, in cui l'io non trova posto.

Nel ritorno alla natura sta proprio uno dei punti di contatto tra l'esperienza della pratica buddhista e la cultura occidentale. Anzi, potremmo dire che l'insegnamento buddhista può essere letto come un grande studio sul tempo e sullo spazio, una mappa per tornare al punto di origine, allo stato naturale più autentico. Entrare nella corrente per andare controcorrente, come diceva Gotama, significa proprio questo: immergersi nella realtà per creare una vita autentica, per creare la vacuità necessaria affinché l'energia della vita si espliciti e prenda forma.

Purtroppo siamo prestazionali e competitivi, anche

quando non ne abbiamo alcun motivo, e l'abitudine a scollegarci con il nostro stato naturale è talmente radicata da farci sentire a disagio quando non la assecondiamo. Dobbiamo perciò riprogrammarci e la pratica serve a questo.

Cercate di trovare, ogni giorno, un momento per una semplice passeggiata nel verde o nella natura. Camminare sulla spiaggia o in una foresta, quando è possibile, è un'ottima occasione per invertire il flusso e intuire, ascoltare il tempo delle piante, degli animali, del mare, delle foreste, delle montagne, delle pianure. Un tempo che pulsa di vita. Il *walkabout*, l'andare in giro degli aborigeni, sfugge alla dittatura e al determinismo dell'efficienza, alle catene della predeterminazione, all'aridità del conosciuto.

Il tempo urbano, invece, quello della produzione, della competizione, degli individui chiusi per ore in scatole di vetro e cemento, è un tempo arido, senza energia, è il tempo dell'alienazione. Quando Buddha parlava di una condizione di morte parlava esattamente di questa aridità, dell'incapacità di ricongiungersi alla natura autentica e primordiale. Ma il suo desiderio è restituirci alla vita, rinnovare la vecchia città in rovina, riscoperta nella giungla, che usa come metafora per definire il suo insegnamento, riportarla al suo antico splendore.

Il suo augurio è il seguente:

> Possano tutti gli esseri essere felici e sicuri; possano le loro menti accontentarsi. Qualunque cosa siano – deboli o forti, alti, robusti, di media altezza, bassi, piccoli o grandi… coloro che nascono e coloro che devono ancora nascere – possano tutti gli esseri, senza eccezione, essere felici! Non illudiamoci e non disprezziamo nessuno in alcun modo. Lasciate andare la rabbia o la mala volontà e non desiderate alcun danno per gli altri. Proprio come una madre proteggerebbe il suo unico bambino anche a rischio della sua stessa vita, così possiate coltivare un cuore sconfinato verso tutti gli esseri. Che i pensieri di amore sconfinato pervadano il mondo intero – sopra, sotto e attraverso – senza alcun ostacolo, senza alcuna inimicizia, senza alcuna rivalità. Che si stia in piedi, si cammini, si stia seduti o sdraiati, finché si è svegli, si dovrebbe mantenere questa consapevolezza. Questo, si dice, è lo stato sublime in questa vita.[25]

Questa è la boa nella tempesta!

[25] Canone Pali, Sn. 145-152.

La meditazione del tempo ritrovato

È importante ritornare a essere consapevoli della qualità del tempo che viviamo, della qualità delle nostre relazioni e aumentare i momenti di consapevolezza, di silenzio e raccoglimento che ci permettono di non essere vittime della reattività. La meditazione qui proposta, ideata da un maestro buddhista americano, Lama Surya Das, ha proprio questo scopo. Ecco come praticarla.[26]

Fai un controllo ambientale della lista delle cose da fare. Trovo che questa sia una pratica importante da seguire quando mi sento fuori centro. Nella nostra cultura occidentale – che spesso misura la qualità e il successo in base alla quantità di cose che abbiamo fatto in una giornata, dal numero dei luoghi in cui siamo stati e dagli impegni che ci hanno occupato – trovo che sia molto benefico fare un passo indietro e riflettere. Riconsidera tutte le cose della tua lista che devi proprio fare e chiediti: «È proprio così?».

Quando ti è difficile trovare il tempo di fare quel che devi, limitati a fare il primo passo. È come guidare nella neve alta: metti una marcia bassa e avanza, lentamente, ben aderente a

[26] I seguenti passi sono tratti da: Lama Surya Das, *L'arte di vivere il tempo presente*, Corbaccio, Milano 2018.

terra e con andatura costante. Spesso quando ti senti travolto o bloccato, ti basta fare un unico, singolo passo. Non ti mancherà mai il tempo per quel singolo passo. E poi per il successivo.

Quando ti senti schiacciato dalla mancanza di tempo e dalle troppe cose da fare, la tua mente può "spegnersi" e ti sembra di essere lasciato solo a cercare di svolgere tutti quei compiti. Ricorda, invece, che siamo tutti insieme su questa barca e che lungo il percorso ci aiutiamo sempre gli uni con gli altri. Nota che è proprio quando senti tutto il peso gravare per intero sulle tue spalle che provi la maggior sensazione di urgenza e di panico. Cerca invece di riconoscere la tua interconnessione: tu fai sempre parte di una squadra, che siano i tuoi collaboratori, la tua famiglia, i tuoi amici o l'universo di tutti gli esseri che hai attorno. Ognuno di loro ha provato quel che tu provi adesso. Cerca di dirti, con dolcezza: «Siamo tutti insieme su questa barca».

Il nostro ritmo forsennato può darci l'impressione che ogni cosa sia della massima urgenza. Sai che ti dico? Non è vero. Renditi conto che non bisogna per forza rispondere subito a ogni e-mail, anzi, non occorre neanche aprirla immediatamente. Fai un bel respiro e stabilisci le giuste priorità che ti metteranno in grado di fare le cose con calma. Stabilisci le cose che ci si aspetta da te e rifletti su quali siano fra loro le più importanti. Impara a dirti: «Questo può aspettare».

Terzo passo
COMPASSIONE

Includi l’altro ed estirpa la sofferenza grazie a Gotama

Chiunque salva una vita,
salva il mondo intero.

Talmud Babilonese, Trattato Sanhedrin 37a

Nella prima parte del libro abbiamo preso confidenza con i percorsi che hanno portato alcuni cercatori alla saggezza e con le qualità e gli elementi che favoriscono l'emergere delle condizioni necessarie affinché il nostro metodo di ricerca sia efficace e il nostro cammino più chiaro e consapevole. Ora è il momento di esplorare il modo in cui tutto ciò si trasforma in azione, in pratica.

In Sudafrica era da poco diventato presidente Nelson Mandela. Le ferite dell'apartheid bruciavano ancora sulla pelle dei neri e dei bianchi. I segni erano ovunque: per strada e negli occhi delle persone, fino a ieri carcerieri e torturati, ora inquilini di un'unica casa. Questa fu l'atmosfera che mi accolse quando la rivista per cui scrivevo allora mi inviò lì per un reportage su alcune strutture turistiche appena completate. Si trattava di alberghi a cinque stelle, cui i comuni mortali non avevano accesso, dimore per i nuovi dèi di mezzo mondo, armati di mazze da golf ed ettolitri di champagne. Il mio giro turistico durò pochissimo: non riuscivo a sopportare il paradosso che si offriva al mio sguardo ogni volta che la Mercedes bianca con autista d'ordinanza svoltava nelle strade di Cape Town o di Johannesburg.

Nadine Gordimer, scrittrice sudafricana, durante un'intervista sulla condizione dei neri nel suo Paese disse a un giornalista americano che secondo lei la differenza tra un nero sudafricano e uno degli Stati Uniti era una sola: chi era nato in Sudafrica sapeva che quella terra era sempre stata sua, sapeva di appartenerle e sapeva che qualunque ingiustizia, qualunque sopruso non lo avrebbe mai privato della forza di guardare un bianco negli occhi con orgoglio e dignità. Era così e lo avrei sperimentato molto presto.

Un giorno tornai nel faraonico hotel di Sun City in cui mi avevano confinato, un'eredità del colonialismo boero e inglese, circondato da prati verdi a ventiquattro buche e piscine, nel mezzo dell'assolata e desolata savana africana. O di quel che ne restava. Nella stanza trovai l'addetta alle pulizie, che mi chiese qualcosa nella sua lingua. Non la capii e un'ombra di imbarazzo mi si dipinse sul volto. Allora lei mi fissò, rispettosa ma decisa, cercò nella memoria l'idioma degli stranieri ed esclamò: «Mi perdoni, signore, se le ho rivolto la parola senza prima chiederle il permesso». In un istante compresi il significato di secoli di umiliazioni e provai la vergogna di essere accomunato a coloro che ne erano la causa. Ricordo ancora la luce di quegli occhi, che mi tagliavano l'anima.

Forse una frase di circostanza o un gesto di partecipazione alla sua condizione avrebbero cambiato la posizione in cui ci trovavamo? Ne dubito. Il suo dolore e la sua dignità andavano oltre quella specifica circostanza. La sfida era alla storia, e io ero solo uno spettatore, non c'era sofferenza che avrei potuto condividere. Il mio pentimento non le avrebbe restituito nulla di ciò che le era stato sottratto, e in ogni caso di quel furto io non avevo responsabilità alcuna. Lei uscì dalla stanza con il sacco della biancheria e io restai in silenzio, seduto in balcone, a cercare un senso a quel che era appena accaduto. Ma non avevo risposte, non avevo parole.

Per Gotama la sofferenza era inaccettabile. Fu questa convinzione a spingerlo verso la sua ricerca. Cresciuto in una società improntata sulle caste e lo schiavismo, egli trovò la forza di ribaltare questa presunta inevitabilità e fece sì che venisse implicitamente riconosciuto a ogni essere umano il diritto a un'esistenza felice.

La felicità è quindi un valore in sé. Di più: il Buddha vede il dolore anche di una sola persona come un ostacolo alla felicità di tutti. Puntare alle migliori condizioni per il singolo coincide con l'obiettivo di raggiungere il benessere di tutti, l'*eudaimonia* greca.

Questo perché siamo tutti interconnessi: non c'è aspetto della nostra vita che non dipenda o non sia collegato a ciò che ci sta intorno. Dipendiamo dagli altri e gli altri dipendono da noi e quindi il benessere di ciascuno è un fatto di interesse generale.

Ecco perché il dolore va superato, estirpato. Questo era l'imperativo categorico del Buddha, questo generò il sentimento della compassione.

Il primo elemento necessario a sperimentarla è l'empatia, che però non basta. Essere empatici significa riconoscere che la persona che abbiamo di fronte sta soffrendo. Conoscere o non conoscere la qualità dell'esperienza che l'altro vive non è indispensabile per identificarsi pienamente con lui. Non serve morire, ad esempio, per comprendere che la morte è fonte di sofferenza. Quel moto di identificazione, di indignazione verso la sofferenza è frutto di una profonda riflessione che ci permette di vedere noi stessi negli occhi dell'altro, anche se non conosciamo nello specifico il suo vissuto.

Immaginavo perfettamente quale poteva essere lo stato d'animo di quella donna sudafricana. Ma concretamente non sapevo nulla della sua esperienza. Non ero stato io a umiliarla in passato, eppure provai un profondo sdegno. Il mio animo fu pervaso da un senso di rifiuto e ingiustizia. La sua condizione era un insulto alla mia idea di umanità. Non c'entrava l'esperienza. Quasi di sicuro in tutta la mia vita non avrei provato nulla di simile, ma sapevo che non era giusto. Lo sapevo con il cuore.

Il primo passo verso la compassione si compie dunque a prescindere dall'esperienza, a prescindere anche dall'empatia, quando si intuisce, si sente nel profondo che un essere umano ha un vissuto "inaccettabile". Il sentimento di compassione comporta, infatti, un'idea di biasimo: nel provare compassione per l'altro, la persona compassionevole accetta una certa immagine del mondo, un mondo in cui ciò che conta non sempre è sotto il nostro controllo e può essere in molti modi danneggiato dagli eventi.

Dunque, in prima analisi la compassione implica sentire, aprire il cuore e andare oltre i nostri bisogni e i nostri interessi. Come scrive la filosofa americana Martha Nussbaum, «in una semplice definizione, la compassione è una dolorosa emozione occasionata dalla consapevolezza della immeritata disgrazia di un'altra persona».[27]

Il secondo elemento tra quelli che possono generare compassione è la possibilità di creare analogie per via di una comune esperienza della sofferenza e quindi della comprensione della sofferenza stessa. Se avessi anch'io sperimentato la sopraffazione o il razzismo, avrei avuto un elemento in più per identificarmi con quella donna. Essere vulnerabili allo stesso modo è importante perché sollecita un cambiamento della prospettiva.

Rousseau sosteneva, infatti, che la consapevolezza

[27] Martha Nussbaum, *L'intelligenza delle emozioni*, il Mulino, Bologna 2009.

della propria debolezza e vulnerabilità è una condizione necessaria per provare pietà, e che senza di essa saremmo solo degli arroganti. Certamente condivisibile, ma questa idea di pietà non è ancora compassione perché strettamente connessa alla paura che anche a noi accada qualcosa di negativo.

C'è dunque un ulteriore elemento che può determinare la nostra capacità di provare o meno compassione ed è un aspetto di carattere culturale che condiziona la nostra concezione di scopo e fine.

La sociologa americana Candace Clark, in *Misery and Company: Sympathy in Everyday Life*, utilizza ad esempio un termine simile ma alternativo a empatia, "simpatia", e sostiene che l'esperienza emotiva che così definiamo può sembrare una reazione naturale, ma in realtà non lo è, in quanto viene filtrata dal contesto culturale. Piuttosto, ognuno di noi impara regole elaborate e altamente specifiche, diverse per gli uomini e per le donne, che ci dicono quando provare o mostrare simpatia, quando rivendicarla e come accettarla. La sua analisi mostra che quando siamo solidali non solo esprimiamo la nostra preoccupazione e la cura per l'altro, ma accumuliamo anche "crediti di simpatia" per noi stessi. L'atto di dare e ricevere simpatia è soggetto a un intricato galateo.

Nella compassione è dunque implicita un'idea della felicità umana e delle fondamentali situazioni di difficoltà della vita. La migliore che l'osservatore è in grado di formarsi. La compassione, o l'assenza di essa, dipende quindi anche dagli elementi a nostra disposizione per determinare cosa significa soffrire o essere felici. Se, per esempio, cresciamo in una società che non rispetta i diritti delle donne, vedere una donna che soffre non ci ispira alcuna compassione, perché questa ingiustizia non è percepita come tale.

Se portata all'estremo, questa considerazione spiega il comportamento dei carcerieri nazisti che continuavano a essere affettuosi padri di famiglia e, allo stesso tempo, trucidavano migliaia di esseri umani, proprio perché non riconoscevano questo status alle loro vittime. Lo stesso avviene oggi, in altri contesti, per esempio nei campi di reclusione per gli immigrati in transito in Libia. Non si tratta solo di mancanza o negazione di empatia, ma di totale fraintendimento dell'idea stessa di umanità, visto che l'altro viene trasformato in un semplice oggetto.

Questo meccanismo, in modo meno grave, scatta anche nella nostra vita quotidiana, ogni volta che permettiamo all'interesse personale ed egoistico di prevalere sulla capacità di includere nel nostro agire il bene comune.

Ciò significa quindi che gli elementi che costituiscono la nostra idea di compassione, ovvero Empatia, Analogia e Simpatia, saranno affidabili solo nella misura in cui lo è la concezione etica generale in cui ci si trova. Perciò se una persona non può ricondurre la sofferenza a uno di questi elementi fondamentali, nel formulare il suo giudizio, non proverà compassione.

LA NECESSITÀ DI AGIRE

La Responsabilità è il quarto elemento che genera compassione. Nel momento in cui sorge il desiderio di porre fine alla sofferenza e si cerca un metodo per riconoscerla e superarla, ciò che scatta è il bisogno di agire, che va oltre l'Empatia, l'Analogia e la Simpatia.

Se la sofferenza è di per sé lesiva della dignità di un essere umano, rischia di distruggere profondamente la nostra umanità e la capacità di aprire il cuore. Non c'è scampo: per continuare a considerarci umani dobbiamo metterci in gioco. Qualora infatti ci si limiti alla parte emotiva e affettiva, se non si trasforma il sentire in pratica, restano solo i sentimenti, che ci fanno sentire probabilmente nobili ma servono a poco. Per compiere il salto, occorre spostarsi sul piano della relazione e dell'inclusione.

Occorre a questo punto fare chiarezza su un equivoco piuttosto diffuso: quando nel buddhismo si dice "abbracciare la vita", "abbracciare la sofferenza", non si intende un'accettazione passiva del nostro destino. Non è fatalismo, tutt'altro.

Purtroppo il mio rapporto con la morte è iniziato

molto presto. Avevo sedici anni quando mia nonna, dopo una lunga e straziante malattia che le aveva lasciato solo lo sguardo per piangere o sorridere, mi regalò la sua indimenticabile carezza e se ne andò. Poi ci fu Oumar, un attore brillante, venuto dal Senegal e le nostre interminabili giornate a scrivere copioni, a provare le scene degli spettacoli e dei cortometraggi, a mangiare riso e pesce, finché un tumore non decise di impedire che quel ragazzo diventasse uomo. Poi, ancora un altro amico, Filippo, e della sua scelta sto ancora cercando di capire le ragioni.

La morte arriva, la sofferenza è parte del vivere. Un'insegnante di meditazione una volta mi disse che un'esistenza senza dolore è vissuta a metà. Generare sofferenza o felicità è una scelta. Ma a volte non abbiamo altra possibilità che testimoniare la realtà. Anche questo vuol dire provare compassione, significa riconoscere l'esperienza per quella che è e cambiare prospettiva, senza lasciarsi travolgere passivamente. Una volta constatata l'esistenza della sofferenza, la soluzione non è accettarla e piangersi addosso. Anzi, il fatto di riconoscere che questa fragilità è una caratteristica della condizione umana deve aiutarci a cercare una via per affrontarla.

Quando Gotama dice di voler estirpare la sofferenza, si riferisce alla trasformazione del modo di relazionarsi con essa. E senza una visione che si "innalza" dalla singola esperienza per porsi su un piano più universale, questa trasformazione è impossibile e non si può generare compassione. Ecco perché serve un metodo, la pratica, l'addestramento della mente a non concentrarsi solo su noi stessi, sui nostri bisogni, sulle nostre priorità, ma a includere l'altro. Per quanto l'istinto, l'ego, ci porti a percepire la nostra esistenza come unica e preziosa, non possiamo realizzare la nostra stessa felicità senza che questa includa le altre persone. Se gli altri non sono felici e creano continuamente condizioni di sofferenza, sarà piuttosto difficile che possiamo esserlo noi. Questa idea di compassione legata alla felicità è ciò che chiamiamo giudizio eudaimonistico, cioè quello che punta al benessere di tutti.

Per attivare questa pratica si parte dalle azioni, dai pensieri e dalle parole, come ci suggerisce il filosofo francese Michel Onfray: «L'azione, i pensieri, le parole e le azioni animano le dinamiche. Le prove di amicizia avvicinano, le testimonianze di inimicizia allontanano».[28] E, in effetti, i buoni amici sono tutto nel cammino, sosteneva Gotama. Le qualità che rendono la compassione una pratica, che la rendono viva, attiva, reale, sono dunque queste prove di amicizia: l'amore, l'affezione, la tenerezza, la dolcezza, la gentilezza, la delicatezza, la generosità, la cortesia, l'affabilità, la civiltà, la sollecitudine, l'attenzione. In pratica ciò che può ascriversi alla definizione della parola "bontà". Queste virtù, ci suggerisce Onfray, creano un legame

[28] Michel Onfray, *La potenza di esistere: manifesto edonista*, Tea, Milano 2011.

eccellente, mentre la loro mancanza lo scioglie, gli errori disfanno. Dal piacere dell'altro dipende il mio, stessa cosa per il dispiacere. Meno si coltivano queste qualità, più diventa difficile metterle in atto. Al contrario, più ci si attiva, più la compassione diventa reale.

Quindi gentilezza e generosità, in un certo senso, sono figlie della compassione, generate dalla necessità e inevitabilità dell'agire per alleviare la sofferenza del mondo. La gentilezza, in particolare, non è solo un atteggiamento o una predisposizione del cuore, ma un'azione, il linguaggio che la compassione usa per creare un ponte con l'altro. La gentilezza, per usare una metafora, apre la porta e permette alla generosità di uscire e di stabilire un contatto con il prossimo. Solo così la compassione, intesa come testimonianza e riconoscimento del valore assoluto di ogni essere umano, potrà fiorire e diventare efficace.

In altre parole la gentilezza è il veicolo che la compassione utilizza per creare l'empatia necessaria a comunicare con l'altro, per sentirlo e prendersi cura di lui. La cura è il contenitore di tutte queste azioni e la prospettiva da cui muovono, perché dà alla compassione le basi, la ragione per nascere e includere tutti, alla gentilezza la possibilità di diventare lo strumento con cui si crea l'empatia e alla generosità l'opportunità di aprire il cuore. La compassione è il massimo atto di cura. Solo quando ci prendiamo davvero cura di qualcuno, infatti, riusciamo a dimenticarci di noi e del nostro bene, poiché esso coincide con quello altrui.

Cura, compassione e gentilezza sono quindi strumenti straordinari per trasformare la sofferenza e la società, perché eliminano la separazione, accorciano le distanze, consentono il contatto e creano identificazione, facendo in modo che la nostra felicità coincida con quella degli altri. Nei discorsi più antichi del Buddha, così come nei racconti dei primi maestri zen cinesi, la parola compassione compare molto raramente: non certo per disinteresse verso il destino degli esseri umani, al contrario per mettere in luce che si tratta di un atteggiamento concreto, pragmatico, che si esprime nella vita quotidiana.

Il discorso non vale solo per coloro che ci sono vicini, ma anche per gli sconosciuti. Per esempio, è proprio la compassione a spingere i medici che scelgono di portare il loro aiuto in Paesi dove la sopravvivenza è costantemente minacciata dalla guerra, dalla fame o dalla violenza. Costoro mettono a repentaglio persino la loro stessa vita per salvare persone di cui non sanno nemmeno il nome. Il fatto è che sentono che è "giusto" agire così, perché la sofferenza non può essere accettata, nonostante sia così terribilmente umana.

È un sentimento che possiamo sperimentare tutti: basta fare un passo indietro rispetto ai nostri interessi e riuscire a vedere, dalla prospettiva della cura, che non c'è alcuna differenza tra la felicità e il diritto a essa che abbiamo noi e il diritto che ne hanno tutti. Indistintamente.

La compassione, quindi, non è un sentimento, una propensione dell'animo, un'intenzione che ci porta verso l'altro, ma un'azione, la realizzazione concreta di questa vicinanza.

La ricerca che ha iniziato Gotama è partita proprio da questo sentimento, da questo "rifiuto" della sofferenza e dal bisogno di usarla con un metodo pratico per trasformare l'esperienza del vivere in un'opportunità di libertà. Quest'opportunità esiste, il suo è un profondo messaggio di speranza.

Molte persone che si avvicinano al buddhismo tendono, forse per un retaggio culturale, a pensare che l'unica esperienza autentica sia quella del soffrire e che la felicità sia, alla fine, un'illusione o un privilegio di pochi.

Non solo non è così, anzi, è vero il contrario. La felicità è alla portata di tutti, ma occorre saperla vedere e volerla cercare. Occorre praticarla, e questa è una scelta, un atto volontario.

E non solo, come dicevamo, è alla portata di tutti, ma è intimamente legata a quella degli altri. E perché questa forma di compartecipazione al destino degli altri sia possibile, è necessario coltivare la premura e l'attenzione, la pienezza della mente. Ce lo suggerisce anche Martine Batchelor, ricercatrice e insegnante di meditazione, che scrive: «È possibile vivere le cose in modo diverso semplicemente prestando maggiore attenzione a ciò che sta accadendo».[29]

Quando applichiamo questo tipo di consapevolezza intuiamo che oltre i giudizi, la paura, l'istinto di conservazione, c'è di più. Una volta che cominciamo a percepire di essere parte di un quadro più grande, ecco che l'io tende a svanire un po', si offusca, i suoi confini, prima così precisi, diventano più vaghi e, in fondo, meno necessari. E si fa spazio perché entri la vita, con i suoi suoni, i suoi colori, i suoi profumi, il suo incanto.

Una volta che avremo compreso che l'io è un semplice insieme di automatismi che non siamo obbligati a rispettare sempre e comunque, ecco lo scarto, ecco che si generano le condizioni per l'emergere della compassione, che abbraccia tutto, la sofferenza, la gioia, la vita.

Ecco cosa significa andare oltre il sé, ed è esattamente il contrario del non esistere, del vuoto. Anzi, si tratta di un'apertura al tutto, di una relazione in continua definizione, in continuo cambiamento, in base alle condizioni e alle persone che si incontrano. Ci ridefiniamo da capo ogni volta, in base a ciò che incontriamo e a ciò cui permettiamo di entrare a far parte di noi.

Siamo vivi, dimoriamo nella realtà e questa realtà non è solo nostra e, soprattutto, non è solo come la vogliamo noi. Dunque, se vogliamo essere davvero

[29] Martine Batchelor, *Mindfulness theory: feeling tones (vedanās) as a useful framework for research*, in «ScienceDirect», 2018.

felici non possiamo far altro che permettere a ogni aspetto dell'esistenza, a ogni incontro, a ogni elemento, di entrare e diventare parte di noi. Ci identifichiamo con gli altri, il loro destino diventa il nostro, e così guariamo le nostre ferite mentre ci prendiamo cura del dolore del mondo. Tutto ciò è possibile solo grazie alla compassione, alla cura e alla gentilezza.

La dimensione collettiva e la socialità sono dunque fondamentali per lo sviluppo della compassione. Sia perché permettono la condivisione, ma anche perché offrono la possibilità di concretizzarla nell'esperienza. Ancora di più, perché costituiscono il contenitore, il contesto in cui essa si manifesta. Benché la fragilità ci spinga infatti ad agire in modalità autoprotettiva, se guardiamo un po' più in là, ci rendiamo facilmente conto che questa protezione possiamo volgerla anche verso l'esterno.

La compassione e le qualità che la determinano sono la chiave per uscire da questa impasse, la strada per riscoprire il calore dell'abbraccio della vita, senza il quale siamo incompleti.

La meditazione del perdono

Questa meditazione sul perdono è stata elaborata dalla monaca e insegnante buddhista Ayya Khema (1923-1997), molto attiva nel fornire opportunità di pratica rivolte alle donne tramite la fondazione di diversi centri a guida femminile sparsi in tutto il mondo. Nel 1987 ha coordinato il primo Sakyadhita, un'associazione internazionale delle donne buddhiste. La sua meditazione è davvero efficace per aiutarci a compiere un gesto di gentilezza nei confronti di noi stessi, per guardare più a fondo e accettare che anche ciò che ci sembra sbagliato è, in realtà, un'ottima occasione di pratica.

La prima istruzione che Ayya Khema ci dà è di porre l'attenzione sul respiro. Questo aiuta a concentrare la mente e a renderla più lucida e pura. È grazie a questa serenità che possiamo lasciar entrare il perdono nel cuore.

Ayya ci chiede poi di ricordare i nostri genitori e di perdonarli per tutte quelle occasioni in cui hanno sbagliato. Anche loro adesso sono cambiati e il perdono è la strada migliore per stare insieme in un'atmosfera di pace. Allo stesso modo concediamoci di perdonare le persone che ci stanno vicino e gli amici.

Poi le tante persone che conosciamo; facciamo pace per tutte quelle occasioni in cui possono aver sbagliato, in cui le abbiamo giudicate male.

Adesso pensiamo a una persona o a un gruppo di persone verso cui proviamo risentimento, avversione, ostilità. Perdoniamole completamente. Possono non aver sbagliato. Tutti gli esseri viventi soffrono e il nostro cuore ha bisogno di perdonare per poter amare più profondamente, in modo che non ci sia separazione nel cuore.

Infine riportiamo l'attenzione su noi stessi. Perdoniamoci perché ormai siamo persone diverse e la persona che siamo oggi è libera di lasciar andare il passato. Osserviamo la bontà che c'è in noi. Sentiamo il calore e la serenità che derivano dal perdono. Possano tutti gli esseri viventi avere il perdono nei loro cuori.

Quarto passo
CURA

Strappa dalla ferita la freccia avvelenata, prima di preoccuparti di chi l'ha scoccata

Noi fummo coraggiosi abbastanza, non indulgemmo né a noi stessi né ad altri: ma per lungo tempo ignorammo dove mai ci andasse portando il nostro coraggio giacché non avevamo alcuna via.

Friedrich Nietzsche, L'Anticristo

Nasir Sobhani è un giovane parrucchiere di Melbourne, in Australia. Ogni giorno, da anni, va in giro per le strade della sua città e dedica un po' del suo tempo a tagliare i capelli e a truccare i senzatetto. Di ogni età, sesso e religione. Nasir è stato definito uno *street barber*, un barbiere di strada. È incredibile vedere le foto delle persone prima e dopo il suo intervento. Bastano un paio di forbici e un po' di make up per restituire il sorriso e la luce allo sguardo dei suoi "clienti", che nessun altro vuole avvicinare. Quando gli chiedono perché lo fa, la sua risposta è diretta e arriva dritta al cuore: «Amo il mio lavoro e faccio il lavoro che amo. Tutto qui».

Non c'è mediazione nella scelta di Nasir. A muoverlo non c'è un'adesione a grandi princìpi o chissà che teoria. Ama ciò che fa e semplicemente si mette a disposizione di tutti. Perché tutti coloro che incontra sono esseri umani. Lo fa perché è l'unica cosa che sente di fare. Individua un bisogno e risponde con gli strumenti che possiede, il suo lavoro, la sua abilità. Non c'è spirito pietistico, non c'è qualcuno che si trova sopra un piedistallo e altri sotto. Non c'è qualcuno che aiuta e qualcuno da aiutare. Ci sono due persone in relazione e un dono che arriva dalla sincerità.

Nasir trasforma concretamente le giornate di queste persone e restituisce loro un po' di quella dignità che la vita ha portato loro via. Senza proclami, senza riflettori. Lo fa e basta, perché va fatto, senza pretendere di conoscere le loro storie o di intervenire nelle loro vite. Non vuole cambiare il mondo, non vuole fare rivoluzioni, eppure, proprio per questo, lo cambia e lo rivoluziona con il calore, la relazione, la presenza, lo sguardo, la gentilezza, la generosità, la cura. La sua è una pratica, una pratica della relazione che diventa azione. Nessun gesto eroico. Solo semplice umanità, compassione, una compassione che agisce e trasforma.

Spesso cambiare il mondo è un compito inesauribile, perché la sofferenza, il disagio, i problemi si generano ogni giorno, in una catena senza fine. Di guarigione parla Bernie Glassman, fondatore dell'Ordine dei costruttori di pace, gli Zen Peacemakers: tra le varie attività promosse da questa organizzazione c'è anche il ritiro di meditazione nel campo di sterminio nazista di Auschwitz-Birkenau. Ogni anno, nel mese di novembre, decine di persone si ritrovano laddove è seppellito, in una fossa comune, oltre un milione di persone. Ognuno ha con sé un foglio con scritti sopra i nomi dei prigionieri e inizia a recitarli ad alta voce. Quasi nessuno riesce ad arrivare in fondo alla lista. Una volta a Bernie fu chiesto perché si ostinasse a organizzare questi ritiri, se pensava che la semplice presenza fosse sufficiente ad alleviare un dolore così grande, così profondo, così atroce. Lui rispose che certamente era impossibile guarire una ferita così profonda, ma essere testimone di quella sofferenza permetteva a chi era lì di iniziare a guarire se stesso.

L'enormità di tragedie come questa ci porta spesso a pensare in termini di "questo non dovrebbe accadere" oppure "non è giusto, è inaccettabile che accada una cosa simile". Quel che invece dovremmo fare è porci una domanda: «Cosa posso fare con gli strumenti che ho a disposizione, per alleviare almeno un po' questa sofferenza? Da dove iniziare, qui e ora e non nel migliore dei mondi possibili?».

Deshan, un altro dei grandi maestri zen cinesi delle origini, un giorno si rivolse così ai monaci: «Qui non ci sono Buddha... Realizzare il mistero non è altro che afferrare il senso della vita di una persona comune».[30] Nessuna illuminazione o modello inarrivabile, quindi, nessuna regola, nessun testo sacro. Non si tratta solo dell'approccio ironico tipico del pensiero zen. Deshan

[30] Tratto da: Andy Ferguson, *Zen's Chinese Heritage. The masters and their teachings*, Wisdom Publications, Somerville 2011. Traduzione dall'inglese a cura dell'autore.

era terribilmente serio e voleva solo esortare i monaci a praticare proprio nel cuore della vita. La loro.

Mia mamma, Edda, mi raccontava che da bambina adorava sedersi ai piedi della vecchia radio in cucina e ascoltare le voci che narravano di Paesi lontani. Non c'erano molte distrazioni a quei tempi e la voce di Mussolini era quella della storia che trionfava, la predica di una messa laica. Mamma, con candore, mi confessò che a quell'epoca non aveva alcun dubbio: il Duce era proprio dentro la radio. Quando aveva dieci anni la guerra e la fine del fascismo la strapparono al paese sulle sponde del fiume Enza dove era nata. A dodici già lavorava come apprendista in una camiceria nella zona nord di Milano. La povertà e la politica le avevano rubato l'infanzia, ma non c'era rancore o malinconia in lei. Negli anni i riconoscimenti alla bravura nel taglio e nel cucito non sono mancati ma il suo cuore è rimasto generoso e autentico come la campagna in cui era cresciuta. «Un giorno scriverai per me un racconto intitolato *Il Duce nella radio*, vero?», diceva con scherzosa autorità, come a voler lasciare una testimonianza discreta del suo passaggio in questo mondo. Poi tornava china su forbici e stoffe, come pentita di quel momento di vanità. Mi stupiva che concepisse il suo lavoro come un'impresa quasi caritatevole. Aiutava chiunque e io talvolta l'ho persino rimproverata per questo. Per tutta risposta, lei faceva spallucce e diceva: «Hanno bisogno». Ormai anziana, quando si accorse che le forze non soddisfacevano più la generosità, si spense. Con lo stesso candore. La voce nella radio non parlava più.

Le scelte, le azioni che contano, non sono dettate da ciò che abbiamo letto sui libri. Non perché lo studio non sia importante, ma perché è superato dalla concreta testimonianza della realtà, il qui e ora. Invece di chiederci qual è la cosa giusta da fare, bisogna andare oltre e agire. Perché non possiamo fare altro che così. La pratica, il sentiero buddhista, in quest'ottica non prevede alternative, anzi ci mette con le spalle al muro, senza giustificazioni.

Poco prima di morire, Gotama lascia ad Ananda, il suo assistente, una sorta di "testamento" spirituale, umano e filosofico che dice più o meno: «Tutto nella vita è destinato a dissolversi, impostate il vostro percorso sulla cura». Questo quindi è il suo insegnamento: non un teorico moralismo, ma un'etica della cura e della gentilezza. Da dove si parte per metterlo in pratica?

C'è una storiella zen che narra di un monaco che viveva in un monastero il cui pozzo si era asciugato. Ogni giorno prendeva un cucchiaio e si recava in cima alla montagna innevata. Raccoglieva un po' di neve e tornava a valle per svuotarlo nel pozzo. Mai sarebbe riuscito a riempirlo, ma un cucchiaio era tutto ciò che aveva a disposizione. Così faceva, giorno dopo giorno.

Spesso, di fronte alle tragedie, ci sentiamo impotenti, esausti, indignati, perché pensiamo a come il mondo "dovrebbe" essere. Invece faremmo meglio a prendere il cucchiaio e a recarci in cima alla montagna.

Nasir non vuole tagliare i capelli a tutti gli *homeless* australiani. Lo fa a quelli che incontra. L'incontro è centrale e la sua pratica consiste esattamente nel testimoniare la trasformazione che ne deriva. Allo stesso modo, gli Zen Peacemakers, come altre organizzazioni umanitarie, non hanno la presunzione di guarire tutta la sofferenza del mondo, e quindi partono dalla propria, lavorano sulla reazione che il dolore suscita nei loro cuori per scoprire fino a che punto può scavare nelle loro vite. Così saranno in grado di avere gli strumenti e di agire quando lo incontreranno di nuovo sul cammino. Le lacrime di chi recita i nomi delle vittime del nazismo durante il ritiro ad Auschwitz guariscono la vergogna, la tristezza, sono una resa di fronte al mistero di tanta violenza. Sono le lacrime del Buddha.

I TRE ASPETTI DELLA VIA DI MEZZO BUDDHISTA

Ci sono tre aspetti della saggezza buddhista che consentono l'emergere di questa relazione profonda con la vita: in primo luogo il lavoro sulla reattività, poi la trasformazione del linguaggio in una risorsa, infine la creazione di uno spazio in cui pensiero e linguaggio possano operare per trasformarsi in risorse.

Lavorare sulla reattività, quindi, ovvero prendere atto degli schemi tramite cui funziona la nostra mente, è dunque il primo passo per consentire a un contesto di cura e a una "pratica di guarigione" di realizzarsi, a livello sia individuale sia sociale. I meccanismi non consapevoli che agiscono a prescindere dalla nostra volontà costituiscono gli ostacoli che ci allontanano dalla relazione e dalla possibilità di costruire una società più inclusiva e umana. Su di essi si concentra la ricerca, il lavoro filosofico, il percorso pragmatico. Rimuovere la freccia che ci ferisce a volte non è sufficiente e spesso è impossibile. Ma se non agiamo, se permettiamo alla freccia di infettare la ferita, le conseguenze saranno nefaste. Ecco perché è necessario attivare la pratica il prima possibile.

Il secondo elemento è la trasformazione del linguaggio in una risorsa. Il linguaggio, in effetti, rischia spesso di sconfinare nell'astrazione, anche se per fortuna le lingue mantengono uno stretto collegamento quasi fisico con il mondo che rappresentano. Gotama era uno straordinario linguista e prese in prestito alcuni termini della sua epoca, ad esempio "karma" e "nirvana", ribaltandone il senso, mettendo in luce la loro implicazione pratica, la capacità di incidere sulla realtà, sul comportamento. Il Buddha trasformò dei concetti in processi, li rese vivi, magici. Alcuni nomi diventarono verbi, si misero in moto, in un eterno presente ricco di significato e di incanto. Ecco in che maniera le parole, il linguaggio e il pensiero diventano risorsa: vivificandosi.

Il terzo elemento è la creazione di uno spazio in cui questo possa accadere, in cui il pensiero possa farsi sangue e carne, scorrere tra le persone, parlare della vita dentro la vita stessa. Sperimentandola, non descrivendola. Il *logos* deve diventare *methodos*, trasformarsi in un processo creativo, in una risorsa da attivare e mettere in comune. Guardare in questo modo alla pratica significa valorizzare il ruolo di incubatore, di generatore di processi che il pensiero possiede. Un pensiero *in funzione di*, che si fa da parte per lasciare spazio all'agire, un pensiero curioso, vivo, problematico. Il concetto prodotto dal ragionamento non tenta quindi di bloccare il fluire della vita in una prigione ma è risorsa viva, strumento di approfondimento, di sperimentazione. E tutto ciò è possibile proprio grazie alla pratica meditativa.

Ripensiamo alla parabola buddhista della freccia avvelenata: non bisogna preoccuparsi di scoprire chi l'ha scoccata e il veleno in cui è intinta, ma agire, strappandola dalla ferita.

Ciò non vuol dire però che non ci sia posto e tempo per la riflessione, tutt'altro: l'insegnamento di Gotama è ricerca, lavoro filosofico, è l'esatto contrario dell'asettica adesione a presunte verità sulla natura delle cose. È un continuo mettere in discussione, investigare la totalità dell'esperienza. Per dirla con le parole del filosofo americano pragmatista John Dewey, ha a che fare con il *know how*, il come, piuttosto che con il *know that*, il cosa.

Se la pratica che tiene conto di questi tre elementi è una forma di guarigione, resta da stabilire qual è la malattia che cura. Gotama (ma anche Epicuro nella tradizione occidentale) cura gli esseri umani dalle ferite della reattività, dei pregiudizi, delle credenze e dei dogmi. Una malattia individuale e sociale, dovuta non al fatto di provare delle sensazioni, ma di viverle senza discernimento. Gotama per sei anni aveva cercato nella dimensione mistica e ascetica un senso alla sua ricerca, ma alla fine riconosce che l'esperienza terrena non va mortificata, la felicità sta nella via di mezzo, non nella condanna a priori del corpo e di ciò che esso ci racconta.

Nella via di mezzo indicata da Gotama, gli ostacoli non scompaiono, ma possono essere aggirati per consentire alla vita di riprendere a fluire. Piuttosto, l'opportunità che abbiamo è prenderne atto, essere presenti a ciò che si manifesta e scegliere ciò che ci sceglie, poi abbracciarlo. Occorre amare le condizioni in cui ci troviamo, qualsiasi esse siano, per dirla con Nietzsche. È curioso che Eros, divinità greca dell'amore, venga raffigurato mentre regge in una mano la freccia, che dell'amore è il simbolo, e nell'altra la torcia, che rappresenta invece la luce della saggezza. Il fine dell'insegnamento buddhista è estrarre la freccia e portare la luce della saggezza per consentire a ognuno di noi di guarire dalle ferite della vita.

LE VERITÀ DEL CORPO

Il filosofo americano Pierce sosteneva che la ricerca della saggezza deve necessariamente partire dalle verità di ogni individuo. Come abbiamo visto all'inizio del nostro percorso, infatti, l'aspetto della concretezza e della corporeità è centrale per agganciare questa ricerca all'esperienza e alla relazione con la reattività. Tra i pensatori del nostro tempo, forse più di ogni altro, è stato Nietzsche a riportare "a terra" l'universo dei pensieri e delle idee e a ricollegarlo alla corporeità. Per il padre di Zarathustra non c'è separazione tra la biografia di un individuo, la sua esperienza concreta, biologica, i suoi sensi, e ciò che accade nella sua mente. Il corpo e l'inconscio sono il luogo in cui i pensieri si generano, anzi, attraverso quello che egli definisce un compromesso del corpo con se stesso. Un tipo di visione, questa, che oggi sembra quasi "ovvia", soprattutto per chi ha avuto a che fare con situazioni di patologia depressiva: la scienza moderna ha ormai acclarato che la biologia gioca un ruolo fondamentale nei disturbi mentali. Così come gli studi sulla neurobiologia stanno svelando il profondo legame tra la pratica meditativa e la sua capacità di agire positivamente sugli stati di ansia o di dolore cronico.

Un esempio di questa profonda connessione tra reattività, comportamenti e corpo è un recente studio apparso sulla rivista «Nature» sui cosiddetti interneuroni OLM che svolgono un ruolo chiave non solo nel consolidamento dei ricordi, ma anche nella relazione con la paura e il coraggio. Questo studio, che pone le basi per possibili nuove terapie contro l'ansia e il disturbo post traumatico, riguarda il comportamento del cervello in presenza di reali segnali di rischio e rileva il ruolo che il nostro corpo, inteso non solo come materia, ma come insieme di condizioni ed esperienze, gioca nella creazione dei processi mentali. «L'attività di questi neuroni» spiega nell'articolo Klas Kullander, capo del dipartimento di genetica all'Università di Uppsala, in Svezia, che ha condotto la ricerca «può azzerare la paura. Quando sono molto attivi ed emettono un certo tipo di oscillazioni, dette oscillazioni Theta, il cervello decide che sì, la situazione sarà pure rischiosa, ma noi siamo al sicuro».[31]

I neuroni del coraggio hanno, inoltre, dei ricettori sensibili alla nicotina che vengono stimolati quando si fuma. Per questo motivo, forse, molti fumatori tendono, in modo automatico e compulsivo, ad accendere più sigarette quando sono nervosi. Il protocollo su cui

[31] Da *Il coraggio, se non ce l'hai te lo danno i neuroni*, sul quotidiano «la Repubblica» del 9 settembre 2018.

si fonda la pratica della *mindfulness*, oggi molto diffusa in Occidente, è stato creato esattamente partendo da questo tipo di studi in ambito clinico e dall'evidenza di come il lavoro sui pensieri abbia un impatto anche sul benessere fisico.

La relazione tra materia corporea e attività del cervello e dell'inconscio ormai è un fatto evidente, ma in realtà in tutte quelle culture che hanno riservato attenzione alle pratiche meditative o contemplative lo è sempre stato.

Queste pratiche, liberate da ogni afflato mistico o metafisico, ci riportano invece a riconsiderare la centralità dell'aspetto biologico. Non è un caso che lo stesso Gotama riservi alla concentrazione sul respiro e sulle sensazioni del corpo un ruolo centrale nella pratica, non solo come strumento di radicamento nel momento presente ma proprio perché è consapevole che il corpo stesso è il punto di partenza di tutto il processo di consapevolezza, attenzione e produzione dei pensieri. L'esperienza corporea è alla base di tutto ciò che accade nella coscienza e nella mente. Un concetto assai simile a ciò che sosteneva Nietzsche, secondo cui soggettività, temperamento e carattere sono ciò che ci fa avvertire le esperienze in un modo piuttosto che in un altro e reagire a ciò che accade con modalità differenti, producendo pensieri e idee differenti.

Il corpo, dunque, "pensa" e ciascuno pensa in modo differente, secondo la propria natura, secondo il modo in cui il proprio inconscio elabora l'esperienza. I pensieri, le emozioni, le idee dunque non cadono dal cielo, ma salgono dal corpo e sono generati da una coscienza che conferisce loro caratteristiche proprie. Per Gotama la coscienza è sempre "coscienza di" qualcosa, cioè si esperisce attraverso il corpo.

L'inconscio interagisce con il mondo attraverso i sensi, attraverso il corpo, la "coscienza di" che precede il ragionamento, anzi, ne è il fondamento. La reattività scatta da sé perché è una reazione collegata agli stimoli sensoriali, ma la ragione ha bisogno di codificare, controllare, per "tutelare" questa individualità, senza la quale sentirebbe venir meno la propria funzione. Pensare però non vuol dire vivere. Mentre Cartesio dice «penso dunque sono», Gotama, secondo la successiva interpretazione di Nietzsche, sostiene che «qualcosa pensa» e quel qualcosa non sono io, ma i processi generati dall'inconscio, dalla "coscienza di", che non è mia come non lo sono i fenomeni o le inclinazioni, se non dal punto di vista della peculiarità biologica.

In questa prospettiva, è evidente quanto ogni nostro punto di vista, ogni nostra idea, ogni nostra verità siano relativi perché frutto del vissuto parziale, delle aspirazioni, delle inclinazioni, dei desideri di ogni individuo.

Scambiare il vissuto individuale per verità assodate è un rischio dal quale lo stesso Buddha ci metteva in guardia. Il fatto è che tutti siamo così a nostro agio nelle nostre convinzioni, nei nostri punti di vista, da considerarli eterni. Questa è l'aridità dello spirito. La potenza della vita, al contrario, sorge e fluisce esattamente nel momento in cui vediamo le cose per come funzionano e non ci facciamo incatenare in questi schemi, nel momento in cui viviamo ciò che è, in cui entriamo nella corrente.

DIVENTA CIÒ CHE SEI!

Durante la meditazione si esercita questo processo di de-identificazione per rompere lo schema dei pensieri e la logica io/mio lavorando sul linguaggio e sostituendo, ad esempio, espressioni come "ho paura" oppure "sono ansioso" con formule quali "c'è la paura", "c'è l'ansia". Dunque, non "io penso", ma "qualcosa pensa" e quel qualcosa è distinto da me e dalla mia volontà, ma totalmente in sintonia con il corpo, il mondo, la sua energia, la vita.

Questo è ciò che il buddhismo chiama "il vero sé" o "la natura di Buddha". Non si tratta di teorie metafisiche sulla natura ultima dei fenomeni quanto piuttosto di una rivelazione, espressione dell'inconscio, quello che Nietzsche chiama il «Sé che comanda», «un padrone potente, uno sconosciuto che indica la strada». Questo "sconosciuto" è la risposta al quesito zen: «Che cos'è questo?», che presuppone la non-risposta «non ne ho la più pallida idea». L'esperienza immediata del vivere infatti non è riconducibile a schemi logici o razionali, ma si può soltanto sperimentare, praticare attraverso il corpo e "percepire" tramite il Sé, ma non direttamente.

Come spiega il filosofo coreano Byung-chul Han: «L'illuminazione è un risvegliarsi alla vita quotidiana. Ogni ricerca di un là straordinario fa smarrire la via».[32] Non serve sforzarsi di cercare nulla perché proprio questo sforzo fa perdere la via. Dunque, camminare liberi da ogni intenzione è la via stessa, liberare il cuore, svuotarlo per far entrare la vita. Quindi quand'è che diventiamo ciò che siamo? Quando desideriamo niente altro di ciò che ci vuole, come affermava Nietzsche, e ci arrendiamo a questa evidenza. Quando diciamo sì a questa volontà, quando diciamo sì alla vita[33] e la abbracciamo, quando obbediamo a ciò che ci vuole, quando ci mettiamo in sintonia con il nostro Sé, con il nostro inconscio e non ci facciamo trascinare dalla reattività e dai nostri schemi mentali o punti di vista, quando partiamo da una posizione di non conoscenza e non mettiamo le nostre idee davanti alla vita. Solo allora diventiamo ciò che siamo e non possiamo che seguire questa volontà. Perché smettiamo di vivere in

[32] Byung-chul Han, *op. cit.*

[33] Il termine usato nei testi buddhisti è *dukkha*, normalmente tradotto con "sofferenza", da cui deriva l'idea che la vita sia solo un'esperienza di dolore o disagio. Come ho già avuto modo di spiegare all'inizio del capitolo 4, non era questa la visione di Gotama, ecco perché opto per una traduzione più ampia, scegliendo la parola "vita".

un mondo immaginario, ma entriamo in sintonia con la realtà e non ci sarà altro da fare che diventare ciò che si è, ossia vivere in modo autentico e, in un certo senso, obbedire, adeguandoci alle condizioni della vita per quello che sono, senza pretendere di cambiarle.

Qui non c'è più distinzione tra piano individuale e collettivo o sociale. Non c'è un io/mio in contrapposizione agli altri. L'agire, a questo punto, diventa urgente, diventa esistere. L'esperienza si trasforma in pratica, in *praxis*, in metodo, in percorso, in sentiero. Diventare ciò che si è dunque significa realizzare, attivare, attuare la nostra pratica, la nostra vita filosofica, la nostra vita poetica. Significa vivere la nostra vita in modo che possa essere un'opera d'arte, unica e straordinaria, sublime come il mistero e la potenza di esistere da cui scaturisce.

Ed è qui che si inserisce Nietzsche con la sua lezione dirompente e sovversiva, che non lascia spazio al compromesso. Il filosofo si spinge a sostenere che la volontà di potenza è la vera libertà, l'unica libertà, e che la felicità consiste nel dire sì a essa. Il suo oltreuomo non teme Dio, non ha paura della morte, perché sa che è solo un istante, un momento in un movimento perpetuo; sa soffrire e dà anzi alla sofferenza un ruolo rigenerativo; gode del mondo così come esso è, in quanto aspira all'eternità del godimento di essere al mondo.

Le assonanze con la saggezza buddhista ed epicurea sono più che evidenti. Lungi dall'essere il supereroe preso in prestito dall'ideologia nazista, l'oltreuomo nietzschiano è colui che ha la forza, il coraggio, la consapevolezza per entrare nel flusso della vita e accettare ciò che incontra per restituire a essa un senso più profondo, più autentico, più illuminato.

In questo modo diventiamo ciò che siamo. Non si tratta di adeguarsi ottusamente a una dottrina o accettarne ciecamente i princìpi. Sia Gotama sia Nietzsche mettono in guardia chiunque segua il loro insegnamento con severità e fermezza: non bisogna credere loro sulla parola o emularne i passi. Occorre provare, mettere in pratica e valutare ciò che funziona per noi, per il nostro specifico caso. Non serve ripercorrere i passi dei tanti saggi che ci hanno preceduto, ma compiere con coraggio i nostri. Unici e autentici.

La meditazione della montagna

Per chiudere questo capitolo, nulla di più adatto di una bellissima meditazione dell'"inventore" della *mindfulness*, Jon Kabat-Zinn. Questa meditazione è molto efficace perché ci mostra che basta essere saldi come una montagna per realizzare in noi una profonda trasformazione. Non immutabili, ma saldi. Solo così potremo essere un rifugio per noi stessi e per tutti coloro che incontreremo.

> La meditazione della montagna può essere effettuata nel modo che segue e modificata in conformità alla vostra immagine personale della montagna e del suo significato. La posizione non è importante, ma la trovo più che mai efficace quando sono seduto a gambe incrociate in modo che il mio corpo assomiglia e si sente maggiormente simile a una montagna, interiormente ed esternamente. Trovarsi sopra o in vista di una montagna aiuta ma non è necessario. La fonte dell'energia è l'immagine interiore.
> Immaginate la più bella montagna che conoscete o vi è nota, la cui forma vi ispiri personalmente. Mentre vi concentrate per vederla o sentirla con l'occhio della mente, considerate la sua forma, la vetta elevata,

la base radicata nella crosta terrestre, i versanti ripidi o dolcemente digradanti. Notate anche quanto è massiccia, immobile, bella sia vista da lontano che in prossimità di una bellezza contraddistinta dal profilo della sua forma e contemporaneamente impersonante qualità universali "montane" che trascendono la particolarità di costituzione e forma. Forse la vostra montagna ha la cima innevata e boschi alle quote più basse; forse presenta una cima svettante o una serie di crinali oppure un ampio altopiano. Quale che sia la sua apparenza, sedete e respirate con l'immagine della montagna, osservandola, notando le sue caratteristiche. Quando vi sentite pronti, provate ad assimilarla dentro di voi, in modo che il vostro corpo e il monte fisso nell'occhio della mente siano una cosa sola. Il vostro capo diventa la vetta, le braccia e le spalle i versanti, le natiche e le gambe che poggiano sul cuscino collocato sul pavimento o sulla sedia sono la base della montagna. Percepite nel corpo il senso di elevazione della montagna, e nel profondo della colonna vertebrale l'asse su cui si erge. Trasformatevi in una montagna che respira, incontrollabili nella vostra immobilità, nella pienezza dell'essere al di là di parole e pensieri, una presenza incentrata, radicata, impassibile.

[...] Trasformandoci in una montagna nella nostra meditazione possiamo penetrare nella sua forza e stabilità e farle nostre, usando le sue energie a sostegno dei nostri sforzi intesi ad affrontare ogni momento con consapevolezza, equanimità e chiarezza. Questo potrebbe aiutarci a comprendere che i pensieri, i sentimenti, le preoccupazioni, le bufere emotive e le crisi, qualsiasi cosa ci accada, hanno molta somiglianza con le intemperie che la montagna stessa deve subire. Noi siamo portati a considerarle come accidentalità personali, ma le loro caratteristiche più salienti sono impersonali. Le intemperie della nostra vita non possono essere ignorate o negate, bensì affrontate, accolte, sentite, comprese per quello che sono e tenute sotto attenta osservazione, dato che potrebbero esserci fatali. Considerandole in questo modo, prenderemo coscienza di un silenzio, di una tranquillità e una saggezza più profondi e incrollabili di quanto avremmo mai creduto possibile, tali da non lasciarsi sopraffare neppure dalle tempeste. Se saremo capaci di ascoltarle, le montagne ci insegneranno tutto questo.

Comunque, la meditazione sotto forma di montagna è solamente un espediente, un dito puntato in una direzione non meglio precisata. Dovremo ancora osservare prima di muoverci. Se l'immagine della montagna può aiutarci ad acquisire stabilità, l'essere umano è molto più interessante e complicato; noi siamo montagne che respirano, si muovono, danzano; possiamo essere solidi come rocce, fermi e incrollabili e nel contempo malleabili, teneri e volubili. Disponiamo di un ampio arco di potenzialità, possiamo vedere e sentire, sapere e capire. Possiamo imparare, crescere, guarirci, soprattutto se sapremo imparare ad ascoltare l'armonia interiore delle cose e a mantenere la perpendicolarità della montagna nel bene e nel male.

Gli uccelli sono scomparsi
dal cielo e ora l'ultima
nuvola si dissolve.
Sediamo assieme, la
montagna e io, finché
solo la montagna rimane.[34]

[34] Tratto da: Jon Kabat-Zinn, *Dovunque tu vada ci sei già*, Tea, Milano 1994.

Quinto passo
EDUCAZIONE

Coltiva rispetto e libertà come nella società *sangha*

You can't always get what you want
But if you try sometimes you might find
You get what you need.

The Rolling Stones, You Can't Always Get What You Want

Nel 2019 si celebra il cinquantesimo anniversario di Woodstock. Cinquant'anni tondi da quei tre giorni di pace, amore e musica che cambiarono la vita di cinquecentomila giovani americani accorsi a prendere parte a un evento rivoluzionario e l'immaginario di milioni di altre persone, convinte che un altro mondo fosse davvero possibile. Un recente articolo del «Corriere della Sera» si chiedeva: cosa è rimasto di quel sogno? L'eredità di Woodstock resiste in alcuni elementi che proprio in quei giorni hanno messo radici: lì, tra quei giovani, c'erano personaggi del calibro di Steve Jobs, lì cominciò ad attecchire la coscienza ambientalista e l'impegno per una società globale più giusta.

Fu allora che la musica d'ispirazione orientale fece per la prima volta del buddhismo, dello yoga, e delle religioni indiane dei fenomeni pop, sdoganandone il misticismo, riservato fino ad allora solo agli addetti ai lavori. «Tricycle», la rivista più famosa del mondo sugli insegnamenti di Gotama, fu fondata negli USA proprio da un musicista di quella generazione, Philip Glass. Ciò che è iniziato mezzo secolo fa ha un'eco che risuona forte e chiara nella cultura cui apparteniamo ancora.

Tutti i saggi incontrati in questo libro, come i ragazzi di quello strabiliante evento rock, avevano i loro sogni, il loro modo di concepire una nuova società. Dov'è oggi la loro eredità? E come coniugare questi insegnamenti, questa visione, con l'esigenza di organizzare un mondo complesso, con le sue contraddizioni, le sue pulsioni, le sue emergenze, la sua velocità? Esistono degli esempi di quella che potremmo chiamare la *sangha society*, cioè una società ispirata alla saggezza? Se sì, quali sono?

VIVERE NELLA SOCIETÀ DEL CONSUMO

Il desiderio di cambiamento che muoveva allora i ragazzi americani era lo stesso che rivedo oggi, in una società troppo veloce e tecnologica, che toglie profondità all'esperienza umana. L'imperativo è consumare. Non solo i prodotti ma anche il tempo, le emozioni, la vita. I social network sono come uno specchio che rivela le contraddizioni di questa tendenza: «Siamo troppo social, troppo esposti, non c'è più privacy!», questa è stata una delle prime affermazioni che hanno dato il via alla controrivoluzione digitale. A pronunciarla è stato Ed Sheeran, venti milioni di follower su Twitter. Sheeran da un giorno all'altro ha chiuso tutto e addio ai cinguettii e alle incursioni dei fan nella sfera privata. Fine. Basta schiavismo da Facebook, porte sbarrate a Instagram. Dopo il cantante britannico anche altre star del web hanno di recente ammesso di sentirsi invasi dalla presenza costante dei social. Ciò che conta è sentirsi connessi, apparire. Ma connessi a cosa? Qual è il luogo in cui queste connessioni si realizzano?

La nomofobia, cioè la paura di non avere accesso alla rete di telefonia mobile, sconfina spesso in una dipendenza e, nei casi più gravi, in una vera e propria patologia, dovuta all'utilizzo improprio di web e telefonini, soprattutto da parte dei giovani. Una recente ricerca condotta da Deloitte indica che il 57 per cento delle persone intervistate controlla il proprio smartphone entro ventidue minuti dal risveglio, l'83 per cento legge le mail di lavoro e il 37 per cento controlla le notifiche anche durante la notte. Il 92 per cento utilizza il cellulare al lavoro e il 59 per cento lo controlla più di duecento volte al giorno. Duecento volte, cioè ogni sette minuti se includiamo le ore notturne. Frequenza che scende a quattro minuti, se escludiamo il tempo dedicato al sonno. Ma non finisce qui: l'80 per cento degli utilizzatori di smartphone e tablet si addormenta con il telefono in mano e il 21 per cento lo usa per guardare film. In pratica viviamo in costante simbiosi con le nostre protesi digitali. Abbiamo sostituito la presenza nella realtà con l'alienazione digitale.

Immaginare un mondo senza internet, social network e app, è un'illusione romantica, come la leggenda del buon selvaggio. Le nuove tecnologie non sono il diavolo, ma molto dipende dal rapporto che instauriamo con esse. A volte hanno un impatto positivo e si rivelano di un'utilità senza paragoni: per esempio, permettono di condurre interventi a distanza grazie all'ausilio di occhi digitali e tecnologie robotiche. Non è il caso di addentrarci nella complessa discussione sui confini etici dell'intelligenza digitale, ma è chiaro che occorre prendere atto della presenza di questi strumenti e invece che combatterli, farseli amici. È grazie alla tecnologia se riusciamo a sentirci più vicini a coloro che amiamo quando siamo in viaggio o più al sicuro se abbiamo un genitore anziano che vive lontano. Oggi anche la politica passa attraverso i social e non soltanto per riscaldare gli animi degli *haters* di professione. Alcuni grandi raduni di piazza degli ultimi tempi sono stati organizzati da gruppi di cittadini che si sono dati appuntamento su internet per fare arrivare la propria voce a chi li governa. È l'abuso di questi strumenti a costituire un problema e occorre certamente fare prevenzione. E la chiave è sempre una: la consapevolezza e il buon senso.

Il senso di alienazione deriva anche dal culto della pura esteriorità, che eleva a icona finti bisogni.

Quando osservo mio padre, ormai quasi novantenne, mentre fa la spesa al supermercato, mi rendo conto, con immediata semplicità, di quanto potente, capillare e dannosa sia stata la retorica del consumismo per la generazione cresciuta negli anni '50 e '60 del secolo scorso. In quei decenni la possibilità di prendere parte alla grande festa della prosperità globale era sinonimo di benessere e sviluppo. Nessuno l'avrebbe mai messo in discussione. In questo atteggiamento c'era la volontà, del tutto umana, di lasciarsi alle spalle anni difficili, costellati di umiliazioni e dolori, gli anni della guerra, della dura vita nelle campagne. Ma esaminando il suo comportamento di consumatore oggi mi rendo conto di quanto alcuni "dogmi" commerciali siano stati trasmessi di generazione in generazione come una eredità solida che condiziona anche le dinamiche sociali.

Mio padre, quando si avvicina a un bancone che espone diverse marche dello stesso prodotto, istintivamente sceglie quelle che conosce e che gli ispirano fiducia. La grande vittoria della strategia del consumo senza freni è essere riuscita a entrare nelle menti delle persone modificandone in modo profondo le categorie di giudizio. È questo il potere della pubblicità: costruisce immaginari irresistibili e difficili da contestare. Negli anni '80 in Oriente o in Africa era più facile trovare una lattina di Coca-Cola piuttosto che una confezione di antibiotici o di aspirina.

Il problema è che in questa condizione non c'è alcuna felicità se non l'affermazione di una logica di competizione, scambio e consumo senza fine. Siamo condannati a nutrire il perenne desiderio di raggiungere una perfezione competitiva senza avere la vera libertà di scegliere.

I nostri bisogni sono perlopiù irreali, niente affatto urgenti. Quel che è urgente invece è agire per far fronte alle conseguenze che questa corsa verso il nulla ha avuto sul pianeta.

E come si fa allora a coltivare umanità in una società che non lascia spazio alla riflessione, all'interiorità, alla libertà? Per poter mantenere la rotta, la coerenza con noi stessi, per divenire "ciò che si è", come diceva Nietzsche, è fondamentale non perdere tempo, e non solo tempo, ma anche tempo interiore. Occorre trovare luoghi e condizioni che ci consentano di godere di uno spazio espressivo, poiché senza di essi non può esserci cultura e neppure socialità o condivisione.

LINGUAGGIO, EDUCAZIONE, CULTURA, E PATTO ETICO

Gandhi diceva: «Sii il cambiamento che vuoi vedere nel mondo». Grazie alla tenacia, al suo animo saldo e compassionevole, docile ma non passivo, liberò l'India, un Paese di un miliardo di abitanti.

Gandhi venne chiamato Mahatma, "grande spirito". A quali grandi spiriti spetta oggi il compito di dare il via alla trasformazione e con quali strumenti? All'uomo che pensa, l'uomo «in rivolta» come direbbe Albert Camus, all'uomo concreto.

La "rivoluzione" gentile passa attraverso quattro strade: inizia con il riappropriarsi delle parole e dei significati, punta sull'educazione (che ha un ruolo fondamentale nel liberare le menti degli esseri umani), prosegue con la condivisione di una nuova cultura e, infine, giunge alla realizzazione di un contesto fondato su un patto etico tra i cittadini. Questi sono i quattro pilastri da cui può nascere il cambiamento.

Gli indiani Papago evocavano la pioggia grazie al potere delle parole, trasformavano in azione l'immaginazione e cantavano: «Vicino all'Ovest il grande oceano canta. Le onde rotolano verso di me, coperte da molte nuvole. Anche qui afferro il suono. La terra trema sotto di me e io sento gli abissi rimbombare».[35] Per loro era chiaro che ciò che si pensa può diventare reale e ciò che si desidera occorre pensarlo.

Le parole sono un tramite, per questo vanno scelte con attenzione e mai banalizzate. Una compagnia telefonica in una recente pubblicità usava il termine "rivoluzione" per promuovere un nuovo servizio: lo svuotamento dei significati, come in questo caso, è uno degli aspetti più evidenti della omologazione dei concetti, dei contenuti, delle identità, dell'annientamento della magia della poesia. La lingua così viene

[35] Da *Antologia della poesia americana*, Gruppo Editoriale l'Espresso, Roma 2014.

svuotata di ogni capacità evocativa e creativa. Ridotta a un innocuo insieme di parole.

Riportare al centro la conoscenza, la consapevolezza, la responsabilità, in sintesi un'etica della cura, invece, significa restituire centralità alla parola vera, piena di significato, di energia.

Se riportiamo la nostra attenzione per un istante a ciò che avviene sui social network vediamo come la tendenza di chi vuole creare consenso sia quella di dividere piuttosto che unire, di seminare rancore piuttosto che unità. Il tutto per generare paura, un motore sociale capace di influenzarci anche fisicamente. Se le parole e il pensiero sono dunque in grado di produrre modificazioni non solo sulle intenzioni ma anche sulla materia e sui corpi, occorre fare in modo che diventino risorse positive, che consentano la creazione dello spazio comune.

Una via efficace per raggiungere questo obiettivo è ripartire dall'educazione. Ho avuto la fortuna alcuni anni fa di conoscere Gianna e Roberto, i fondatori della Libreria dei Ragazzi di Milano. Oggi non ci sono più. Ma la loro storia merita di essere raccontata. Roberto è stato partigiano e manager un po' guascone, Gianna era una figlia del lago di Lecco, con la sua schiettezza e povertà. Lui le conquistò il cuore quando si incontrarono a Ulan Bator, in Mongolia, con un bicchiere di Martini in una mano e un sogno nell'altra. Aprirono insieme la libreria, un luogo di resistenza civile, e si lasciarono alle spalle il passato per seguire le tracce di giovani cercatori e regalare loro la forza e la speranza di trasformare il mondo leggendo un racconto. Roberto era convinto che la magia e l'incanto delle parole può renderti un uomo per sempre libero dalle catene dell'oscurità. Non so quanti bambini abbia incontrato nel suo peregrinare di scuola in biblioteca. Tra loro ci sono stato io.

Quest'uomo che ho considerato quasi un secondo padre sapeva che una risposta possibile al problema dell'alienazione è ricominciare a educare al valore e al significato di parole come libertà, conoscenza, consapevolezza, responsabilità. Una nuova *paideia*, direbbero i Greci. La sua libreria era una microcomunità in cui progettare, bambini insieme a genitori, educatori e insegnanti, un nuovo contesto relazionale capace di trasformare non solo l'individuo ma anche la società.

La *paideia* genera cultura, ma una cultura che non si evolve diventa materia inerte, morta, perché non è più in grado di trasportare. È nel confronto, nella tensione tra due elementi, nella via di mezzo tra due estremi che si crea spazio generativo: solo nel dialogo c'è vita. Ignota, misteriosa, incontrollabile e dunque in parte spaventosa, ma pur sempre vita. Serve però un incontro tra due elementi, che mettano sul tavolo le loro particolarità, la loro esperienza autentica, riletta grazie allo specchiarsi nell'altro. La cultura, infatti, non si possiede e neppure ci possiede, una cultura personale è un insieme di risorse nate con l'esperienza e divenute parte del nostro percorso. Ma per attivarle, queste risorse vanno condivise, agite, vanno trasformate in patrimonio comune. Diventano la base per un arricchimento generale e non un oggetto da difendere.

Nella tradizione zen l'immagine del cerchio infinito è sinonimo di unità. Il cerchio per sua natura stabilisce dei confini tra ciò che è dentro e ciò che è fuori, se però immaginiamo, per paradosso, un cerchio che si allarga all'infinito, non solo diventa impossibile stabilirne i confini, poiché si modificano continuamente, ma non resta fuori nessun elemento della realtà. La modernità di questa concezione non solo è strabiliante, ma sembra anche rispondere alle problematiche che stiamo affrontando.

CREARE UNA SOCIETÀ GENTILE

Immaginare una nuova società non richiede altra violenza, ma cura intesa come azione, che attiva alcune qualità, a essa correlate: gentilezza, gioia, equanimità e compassione. Per rendere il concetto, il maestro vietnamita Thích Nht Hnh ha coniato un termine molto efficace, "interessere", che indica l'intreccio di esistenze da cui nasce la comunità fondata sulla pratica. Non si cambia semplicemente la realtà, sul piano ideale, ma il modo in cui ci relazioniamo a essa.

Ecco perché la gentilezza è il vero atto rivoluzionario. Perché è un atto inconsueto, inaspettato, perché rompe gli schemi dominanti impostati sull'abitudine, la convenienza, l'opportunismo, la violenza e la volgarità. La gentilezza è un atto di relazione che ti costringe alla presenza e a entrare in relazione.

Non c'è ricerca della felicità e della saggezza che possa prescindere dalla felicità degli altri. La gentilezza non è indifferente e include il prossimo nella nostra stessa esperienza. Fa cadere le barriere e unisce, rende gli altri parte di noi, con la forza della semplicità e dell'autenticità di un piccolo gesto. La gentilezza è compassione ed etica in azione, è una pratica di trasformazione sociale, anzi, la pratica che consente questa trasformazione.

Ma perché ciò avvenga è necessario un patto: le persone devono infatti scegliere, consapevolmente, di mettere al centro della propria vita la medesima gentilezza. Non si tratta di una scelta "ideologica", ma di semplice prassi esistenziale.

Sopruso, ingiustizia, violenza e sofferenza continueranno a esistere, ma cambia la nostra prospettiva, il nostro approccio: questa è la vera rivoluzione gentile, una pratica costante in cui sceglieremo di non dar più forza a questi elementi, compiendo invece atti di deliberata cura, attenzione e consapevolezza.

Ciò non significa affatto accettare passivamente un'ingiustizia. Significa comprendere che, ci piaccia o no, possiamo scegliere di dire "sì" oppure opporci, aumentando il portato di sofferenza già implicito nella situazione stessa. Possiamo sempre scegliere di essere gentili. Sempre. Proprio perché ogni aspetto della vita è in continua mutazione, nulla ci inchioda a quanto accaduto un attimo prima.

Ecco perché, prima di diventare collettiva, la rivoluzione gentile si effettua attorno a sé, a partire da sé, integrando individui scelti per partecipare a queste esperienze fraterne e creando microcomunità elettive capaci di attivare microresistenze efficaci.

Nell'antica Grecia, la ricerca filosofica era fondata su un modello che oggi definiremmo associativo. Coloro che frequentavano una scuola di pensiero vivevano una vita comune e si chiamavano "compagni" (*etairoi*), stabilendo una solidarietà non soltanto intellettuale ma anche di costume e di vita. Ne è un esempio il caso della scuola pitagorica, che fu non solo una scuola filosofica, ma anche un'associazione religiosa e politica. Molti grandi pensatori della filosofia greca hanno fondato una scuola, proprio perché la ricerca esigeva una concordanza di sforzi, una comunicazione incessante tra gli uomini che ne facevano parte.

Era questo che Gotama aveva in mente quando diede vita alla sua comunità, il *sangha*, e immaginò un nuovo mondo. Non si tratta di un contesto senza regole, in cui ognuno fa come vuole, poiché il disordine non genera mai la felicità, ma di una comunità basata sul rispetto della libertà e della dignità che vengono restituite alla società attraverso gli strumenti della conoscenza, dell'informazione libera e della partecipazione attiva. È un contesto di ricostruzione dei luoghi dell'impegno civile e educativo, un contesto per lo studio e l'attuazione della *paideia* della cura e della gentilezza.

Pensare che il percorso buddhista riguardi solo l'elevazione individuale dello spirito è un errore. Non ci può essere alcuna liberazione dalla sofferenza se questa è la condizione che caratterizza tutto ciò che ci circonda. Il *sangha*, termine che tradizionalmente definisce la comunità dei praticanti, è centrale nel pensiero di Gotama così come in quello di Epicuro: una comunità di uomini liberi, consapevoli, saggi e desti.

REALIZZARE IL SOGNO DEL CAMBIAMENTO

Come ho potuto io stesso constatare, spesso questi contesti nascono nei luoghi e nelle situazioni più inaspettati.

Negli anni dell'università, conobbi Paolo, Luca e Marco, tre ragazzi di Ancona che studiavano a Milano. Avevano preso in affitto un piccolo appartamento in via Giordano Bruno, nel cuore del quartiere di Brera, allora ancora bohémien e non invaso come oggi dalle vetrine della moda. Trascorsi tre anni insieme a loro in quella casa divenuta ben presto il "Circolo culturale GB9", un rifugio per tutti coloro che avevano sogni tanto urgenti da aver bisogno di un posto in cui potessero prendere corpo. L'atmosfera era quella del film *Il grande freddo*. Le nostre serate erano un canto dionisiaco che inneggiava all'immortalità, tra sigarette, politica, vino e canzoni. Quelle che scrivevamo, giovani emuli di Rimbaud, per il nostro gruppo rock, *I massimi sistemi*, pretenzioso ed eroico già nel nome, e quelle che ispiravano i nostri amori. A volte ci si trovava da Valpreda, storico locale nel cuore del quartiere. Desideravamo essere parte di qualcosa di più grande, che trasformasse gli spiriti e il mondo.

Il nostro in sostanza era un piccolo *sangha*, una piccola comunità di ideali condivisi. Ed è questa la strada per la realizzazione del *sangha* più grande, la *sangha society*, la creazione di tanti *sangha* diffusi, tante microsocietà elettive in cui fioriscono le esperienze fraterne del patto etico, in cui l'impegno costante è quello della pratica. I luoghi ispirati a questa visione e saggezza diventano laboratori che permettono alla compassione di diventare azione, pensare e progettare. Per consentire che questi contesti possano realizzarsi ed essere efficaci occorre sottrarsi alla funzione prevaricatrice e autoritaria di sé e degli altri, creare spazi di autonomia e consapevolezza. Da qui inizia il percorso.

Ma come agire oggi? A quale fronte, tra i mille che presenta la società globalizzata, prestare la nostra attenzione prima degli altri? Come intervenire nella società in modo efficace e concreto senza adattarsi a logiche di controllo e autorità?

Le istituzioni, le organizzazioni civili e religiose, sono funzionali e utili, ma per molti sono diventate luoghi distanti, che hanno perso forza propulsiva e trasformativa. Nei suoi *Taccuini*, Albert Camus scrive: «La politica e il destino degli uomini sono foggiati da individui senza ideali e senza grandezza. Chi ha una grandezza in sé non fa politica».[36] Le sue parole risalgono al 1937, ma sono molto attuali: questo è infatti il sentimento condiviso nei confronti della politica.

Tuttavia, le emergenze del mondo ci uniscono in un unico destino e l'interesse per la nostra casa comune richiede impegno, ha bisogno di una risposta che sia totalmente politica, in senso etimologico. La sostenibilità ambientale e i cambiamenti climatici sono temi, ad esempio, che vanno affrontati il prima possibile e già in questo caso i contesti di *sangha society* potrebbero proporre una metodologia efficace e creare un luogo in cui testare le iniziative, le risorse, le ricerche, gli strumenti, le conoscenze. Non serve un unico modello, ma una rete di modelli che

[36] Albert Camus, *Taccuini*, Bompiani, Milano 2018.

sperimentino forme differenti di impegno, di azione politica, che costituiscano una sorta di incubatore per le attività e le iniziative che emergono sul piano locale, mettendole in dialogo tra loro.

Lo ha capito molto chiaramente il governatore della California, Jerry Brown, che dall'inizio del suo mandato svolge questo ruolo di rottura nei confronti delle politiche del Governo centrale americano e delle varie lobby di potere. Lo hanno capito molti giovani che hanno ripreso a sfilare nelle strade, con la stessa forza trasformativa che avevano a Woodstock. Anche se oggi, forse, nonostante i social network, è più difficile organizzare contesti di impegno allargato che sostituiscano o affianchino le organizzazioni tradizionali, una nuova alba sembra all'orizzonte.

Le recenti elezioni politiche in Germania hanno visto l'affermarsi del partito dei Verdi, guidato da una donna di ventotto anni, con idee molto chiare su come valorizzare le eccellenti iniziative ambientali sparse sul territorio nazionale e farne sistema. In Inghilterra c'è un nuovo movimento ambientalista e di protesta, Extinction Rebellion ("Rivolta contro l'estinzione") che da mesi blocca in modo pacifico i ponti e le strade di Londra senza preavviso, con flash mob organizzati sui social media, il cui obiettivo è attirare l'attenzione sull'urgenza dei problemi climatici.

Le ultime elezioni americane di *midterm* hanno visto l'ingresso in Parlamento di giovani deputati, alcuni appena ventenni, che provengono dalla *working class*, alcuni addirittura immigrati o figli di ispanici o musulmani. Li unisce la passione e il desiderio di vivere in un Paese diverso, in cui ognuno può sentirsi cittadino allo stesso modo. Diritti sociali, lavoro dignitoso, rispetto delle minoranze, responsabilità ambientale: questi i temi al centro del loro impegno, spesso declinato in modo radicale.

Una delle classiche critiche nei confronti di queste forme di aggregazione non centralizzata, non gerarchizzata, spontanea, nata dal basso, libertaria e autentica è quella di essere disorganizzate. Il modello di comunità basato sulla *sangha society* e sulla valorizzazione dei contesti locali, invece, prevede che gli individui possano riconoscersi e rispettarsi in quanto tali e rispettare uno spazio comune in cui condividere le proprie risorse. È l'idea di politica come bene comune, l'idea che ne avevano i Greci, Gotama, Camus e molti altri liberi pensatori. Se le condizioni e gli interessi che schiacciano l'individuo sono globali e organizzati, ancor di più è urgente andare a recuperare gli individui, i singoli individui, e tutelarli, curarli nel concreto, partendo dall'esperienza. Non su un piano teorico ma su quello del vissuto. Questo è ciò che prevede il patto etico: accogliere l'individuo ferito, curarlo e restituirlo alla sua grandezza, alla sua potenza, alla vita. Questo è ciò che fa la pratica, una zattera che ci consente di oltrepassare il fiume e giungere, sani e salvi, sulla riva opposta, quella in cui potremo vivere un'esistenza serena.

Non c'è altra alternativa se non quella di partire dalla centralità dell'essere umano. Non c'è altra strada per restituire l'uomo e il mondo alla vita.

Conclusioni
Dire sì al mondo

Le storie che ho raccontato in questo libro, con la loro colonna sonora di canzoni, film, libri, aneddoti e fumetti, sono il racconto della ricerca della mia saggezza e di una possibile felicità. A volte mi sorge il dubbio che svelino che buddhista lo sono da sempre, forse, perché considero questo percorso come un insieme di indicazioni, consigli, stimoli che hanno a che fare più con una saggezza del buon senso, con la capacità di stare al mondo, che con un insieme di verità inaccessibili. Trovarsi a proprio agio in questo mare è stato come per il pesciolino Nemo imparare a nuotare: un colpo di pinna e già ero nel mistero del grande blu. Mi è bastato guardare lontano una volta per sapere che non mi sarei più fermato, nonostante le incognite. Anzi, la consideravo quasi come una sfida curiosa ai miei limiti.

Uomini come Gotama, Epicuro, Lucrezio, Pirrone, Nietzsche e Camus, insieme agli altri che abbiamo incontrato in queste pagine, avevano della vita e della saggezza l'idea di un percorso che deve essere messo in pratica con coraggio e onestà. Il loro messaggio è sempre attuale.

Chi sceglie di iniziare un percorso di meditazione o di pratica spirituale ha oggi molta scelta e una relativa facilità di accesso a corsi, seminari, incontri. Con altrettanta semplicità può trovare su internet l'indirizzo di numerosi centri o scuole di *mindfulness*, tra cui scegliere il luogo più adatto alle proprie propensioni ed esigenze. Tuttavia, la varietà delle opzioni possibili può confondere: l'ampio spettro offerto dalla loro compresenza ci permette però di individuare anche i limiti di una semplice adesione superficiale a pratiche che a volte accettiamo senza spirito critico, conferendo loro una speciale autorità solo perché arrivano da lontano e hanno radici antiche. La domanda è questa: per praticare il buddhismo o lo yoga o la *mindfulness*, occorre trasformarsi in tibetani, in indiani, adottare i costumi giapponesi o parlare e pensare come un birmano o un thailandese?

Provate a prestare attenzione a ciò che accade nelle nostre città. Vi accorgerete che è facile incontrare comunità di immigrati che cercano di preservare la loro millenaria cultura di appartenenza e tentano di sopravvivere al cambiamento, cristallizzando gli elementi più formali e identitari. Questa strada non porta lontano: qualunque tradizione di pensiero, qualunque filosofia o dottrina, se non la si mantiene viva e in dialogo con il presente, con la realtà, se non è praticata e praticabile, rimane solo un bel quadro appeso al muro.

È altrettanto vero, però, che ai nostri giorni assistiamo a un fenomeno unico nella storia. Proprio grazie alla globalizzazione, le culture non solo si incontrano, ma si stanno fondendo, dando vita a forme e contenuti nuovi, a nuove tipologie di insegnamento e a nuove tradizioni, radicalmente diverse. Non si tratta di semplici riletture, adattamenti o revisioni, ma di un vero e proprio nuovo modo di rispondere alle domande primarie, alla sfida che questi insegnamenti pongono agli esseri umani. E i risultati di questa fusione sono del tutto inaspettati: vent'anni fa, ad esempio, nessuno avrebbe mai potuto immaginare che il servizio sanitario nazionale inglese potesse mettere a disposizione corsi di meditazione e *mindfulness* per affrontare alcuni disturbi di salute come alternativa alle terapie tradizionali.

La nostra ricerca ci ha mostrato che Occidente e Oriente sono ormai un unico mondo: continuare a considerarli come due contesti culturali separati o impermeabili è una posizione non solo inattuale ma anche fuorviante, perché ci preclude la possibilità di andare oltre gli stereotipi. La grecista Eva Cantarella ha affermato, in un recente articolo apparso sul «Corriere della Sera» che oggi non si parla più del cosiddetto "miracolo greco", vale a dire il presunto fiorire, quasi dal nulla, nella Grecia del v secolo a.C., della filosofia, del teatro, dell'arte e dei concetti di libertà e democrazia. Sappiamo ormai, infatti, che dietro quel presunto miracolo c'erano secoli di scambi culturali con le culture orientali. Chi difende la presunta superiorità della nostra tradizione dimostra di avere un pregiudizio piuttosto comune, quale la convinzione che il pensiero filosofico orientale sia oscurato o secondario rispetto alla dimensione religiosa. Ma non è così: nonostante in Oriente si sia sviluppato un raffinatissimo apparato filosofico metafisico, soprattutto nella tradizione buddhista e induista, la dimensione esistenziale, ossia la necessità di una risposta sul piano pratico al mistero dell'esperienza del vivere e del morire, è sempre stata altrettanto importante.

Alcuni decenni or sono Arnaldo Momigliano, il più grande storico antichista del secolo scorso, scrisse che «là dove tutta la civiltà è minacciata, la conoscenza delle sue radici diventa essenziale».

Le radici della nostra civiltà si trovano in un contesto in cui diverse saggezze si incontrano e si mescolano, ciascuna con una propria idea di felicità. E come ogni altro aspetto della nostra società anche questa trasformazione oggi è veloce e lascia indietro chi non si adegua. Come possiamo dunque orientarci di fronte a questa complessità? Che forma prenderanno, in futuro, questi sentieri che partono da lontano e arrivano a contatto con la modernità? Come possiamo farci ispirare e cosa imparare dalle diverse saggezze per trovare la nostra, per generarne una nuova? Se partiamo dal presupposto che le convinzioni, i condizionamenti culturali e gli schemi mentali sono quello che sono, cioè idee, cosa resta? Resta il bisogno, urgente, di definire un modo per un vivere comune che si ispiri ai passi già compiuti da altri ma che, soprattutto, punti a rispettare e valorizzare ogni essere umano. Resta l'esigenza di far sì che questo rispetto diventi una pratica, valida nel concreto della vita quotidiana. Qui ed ora e non solo un principio generale, un modello cui aderire.

Ecco perché ogni forma di saggezza ci richiama a fare la "cosa giusta": rispondere alla situazione che ci si presenta davanti senza pregiudizi o senza schemi precostituiti è la vera sfida. Non è importante sapere a priori ciò che è giusto o sbagliato, occorre piuttosto saper sentire, sapersi mettere in sintonia con la situazione e con l'altro, ascoltare le sue ragioni e non "filtrare" il suo comportamento attraverso le lenti che usiamo per guardare il mondo. Soprattutto occorre abbracciare l'esperienza del vivere, dire sì a ciò che incontriamo: è questo il nostro punto di partenza.

La nostra "felicità" dipende dalla quantità di sì che riusciamo a dire, dal profondo di noi stessi, piuttosto che dai no, piuttosto che dalla resistenza che opponiamo non solo a ciò che accade, ma anche rispetto alle aspettative che nutriamo nei confronti degli altri e della vita.

Ogni società è il frutto di un processo contingente e imperfetto e lo stesso vale per la nostra identità.

L'incontro con l'altro ci renderà liberi, liberi di contaminarci, di accogliere il sapore, il gusto e i colori di ogni cosa che incontreremo lungo la strada.

Duemilacinquecento anni fa l'uomo divenuto il Buddha aveva già compreso che le "differenze" sono risorse da condividere. Oggi, paradossalmente, il processo della globalizzazione non ci lascia altra alternativa che riformulare i nostri rapporti e le nostre relazioni alla luce di questa posizione. Nei fatti, sarebbe dovuto essere sempre così: la cultura europea e occidentale non è mai stata impermeabile, ma più che altro il risultato del dialogo di vari codici culturali in tensione feconda tra loro. È proprio questa tensione a garantirne la vitalità. Se la trasformiamo in un punto di vista esclusivo sulla realtà, in un insieme di certezze consolidate e immutabili, tradiamo il senso della nostra ricerca, perché verrebbe meno la scommessa, il rischio, la vitalità. E scegliere di correre un rischio è il primo passo per mettersi a navigare in mare aperto alla ricerca della felicità.

Giunti dunque alla fine di questo libro, proviamo a formulare una sintesi delle intuizioni emerse dal nostro percorso e a realizzare una mappa da tenere in tasca per avere delle coordinate di riferimento in questo viaggio. Ecco i punti principali del metodo che vi ho presentato:

- La vita è ciò che è. Accade. Include l'esperienza della gioia, così come la sofferenza. Per incamminarsi verso la felicità occorre abbracciare l'esperienza, arrendersi a ciò che è. Occorre imparare ad amare ciò che ci vuole.

- Celebriamo la volontà di vivere, il desiderio di dire sì a ogni elemento che celebra la vita e di dire no a ogni pulsione di morte. Occorre godere del mondo così come esso è. Sapendo ciò che si sa, grazie alla ricerca e alla consapevolezza, si aspira al godimento di essere al mondo.
- Il problema non è l'esperienza, ma come ci relazioniamo a essa. Occorre comprendere che i nostri problemi nascono da come reagiamo alle situazioni della vita. Il nostro corpo è il nostro maestro.
- La paura della morte può essere superata perché essa in realtà non esiste. Infatti, come spiega Epicuro, «quando ci siamo noi, la morte non c'è, quando c'è la morte non ci siamo noi».
- Per essere felici è bene liberarsi dal pensiero magico che ci allontana dalla vita, dal mondo delle idee, dagli isterismi degli ideali ascetici, dogmatici e assoluti, che mortificano l'individuo, il corpo, l'esperienza. La sofferenza è frutto della negazione.
- La possibilità di essere felici esiste perché il dolore, la sofferenza, hanno un limite, sono cioè provvisori, impermanenti.
- Il piacere e la felicità non solo sono possibili, ma anche accessibili a tutti.

- C'è un metodo di pratica e di ricerca che ci consente di giungere alla felicità. Questo è vivere una vita filosofica.
- L'oltreuomo è l'uomo etico, l'uomo che diventa ciò che è. L'uomo che vive una vita saggia, filosofica, che celebra la gioia e la vitalità solare. La sua ricerca deve essere pragmatica, offrire strumenti concreti, esperienziali, per raggiungere la felicità.
- Ma vivere una vita filosofica, una vita saggia, una vita felice non è solo un fatto individuale. È un gesto collettivo. Perché sia una vita piena, occorre metterla in pratica nella società: la felicità è autentica solo se condivisa.

E dunque strappiamo metaforicamente tutte quelle pagine che ci chiudono in un recinto e che vogliono sostituire la teoria con l'esperienza. Sporchiamoci le mani, sperimentiamo, immergiamoci nella vita. Partiamo dalle intuizioni dei pensatori più coraggiosi e sosteniamo la saggezza concreta di uomini come il pescatore Stavros, sull'isola di Lipsos, come i contadini che sanno scegliere le viti giuste per ogni terreno, come i ricercatori che inventano sistemi per raccogliere la plastica dagli oceani. Ogni piccola occasione di dialogo nella nostra vita quotidiana è un gesto di costruzione, di avvicinamento, di saggezza.

Non lasciatevi scoraggiare e non cedete perché non siete soli: questo cammino ha avuto inizio nella notte dei tempi e proseguirà per lungo tempo. Per concludere con le parole di Robin Williams, nell'*Attimo fuggente*: «Questa è una battaglia, una guerra, e le vittime sarebbero i vostri cuori e le vostre anime». Siete disposti a metterli in gioco?

Bibliografia

AA.VV., *Antologia della poesia americana*, Gruppo Editoriale l'Espresso, Roma 2014.

AA.VV., *L'ellenismo. Egemonia e diffusione della cultura greca*, RCS Mediagroup, Milano 2018.

Abbagnano Nicola, *Storia della Filosofia,* vol. 1, *Il pensiero greco*, De Agostini, Novara 2013.

Andreoli Vittorino, *I segreti della mente*, RCS Libri, Milano 2013.

Batchelor Martine, *Mindfulness theory: feeling tones (vedanās) as a useful framework for research*, in «ScienceDirect», 2018.

Batchelor Stephen, *Buddhismo senza fede*, Neri Pozza, Vicenza 1998.

Id., *After Buddhism*, Yale University Press, New Haven 2015.

Id., *Secular Buddhism: Imagining the Dharma in an Uncertain World*, Yale University Press, New Haven 2017.

Bentham Jeremy, *The Collected Works of Jeremy Bentham*, Oxford University Press, Oxford 2006.

Bernstein Richard, *Sul pragmatismo*, il Saggiatore, Milano 2015.

Bettera Stefano, *Fai la cosa giusta*, Morellini, Milano 2018.

Id., *Felice come un Buddha. Otto passi per condurre una vita di cura e gentilezza*, Morellini, Milano 2017.

Bettera Stefano - Paradiso Massimo - Ventura Stefano, *Da Bauman a Buddha (e ritorno). Per un'etica che ridia valore alle relazioni umane*, FrancoAngeli, Milano 2018.

Bhikkhu Bodhi, *Il nobile ottuplice sentiero*, Promolibri, Milano 1991.

Id., *The Buddha's teachings on social and communal harmony, An Anthology of Discourses from the Pali Canon*, Wisdom Publications, Somerville 2016.

Id., *The Connected Discourses of the Buddha*, Wisdom Publications, Somerville 1999.

Id., *The Numerical Discourses of the Buddha*, Wisdom Publications, Somerville 1990.

Bronkhorst Johannes, *Buddhism in the Shadow of Brahmanism*, Brill, Leiden 2011.

Brown Clair, *L'economia del Buddha. I suoi insegnamenti ci salveranno dalla crisi*, Antonio Vallardi Editore, Milano 2017.

Buddhadāsa, *Il cuore dell'albero della bodhi*, Ubaldini, Roma 1991.

Id., *Io e mio. Gli insegnamenti di un maestro buddhista tailandese*, Ubaldini, Roma 1991.

Calì Davide - Folì Gianluca, *L'orso con la spada*, ZOOlibri, Reggio Emilia 2008.

Camus Albert, *Taccuini*, Bompiani, Milano 2018.

Chah Achaan, *Il Dhamma vivo*, Ubaldini, Roma 1992.

Chomsky Noam, *Tre lezioni sull'uomo*, Ponte alle Grazie, Milano 2017.

Cipriani Haim Fabrizio, *Schiudi le mie labbra. Le vie della preghiera ebraica*, Giuntina, Firenze 2018.

Clark Candace, *Misery and company. Sympathy in everyday life*, Chicago University Press, Chicago 1997.

Cupitt Don, *After God. The future of religion*, Weidenfeld and Nicholson, London 1997.

Dalai Lama - Thubten Chodron, *Che cosa è il buddhismo. Un maestro e molte tradizioni*, Mondadori, Milano 2016.

Diogene Laerzio, *Vite dei filosofi*, Laterza, Roma-Bari 1962.

Epicuro, *Lettera sulla felicità*, Einaudi, Torino 2012.

Epstein Mark, *Pensieri senza un pensatore: la psicoterapia e la meditazione buddhista*, Ubaldini, Roma 1996.

Fabbrichesi Rossella, *Cosa si fa quando si fa filosofia*, Raffaello Cortina Editore, Milano 2017.

Ferguson Andy, *Zen's Chinese Heritage. The masters and their teachings*, Wisdom Publications, Somerville 2011.

Giametta Sossio, *Introduzione a Nietzsche*, Garzanti, Milano 2017.

Glassman Bernie, *Il cerchio infinito*, Mondadori, Milano 2003.

Id., *Il Pane e lo zen*, Ubaldini, Roma 1997.

Id., *Testimoniare*, Ubaldini, Roma 1999.

Gnoli Raniero, *La rivelazione del Buddha. vol. 1: I testi antichi*, Mondadori, Milano 2001.

Id., *La rivelazione del Buddha. vol. 2: Il grande veicolo*, Mondadori, Milano 2004.

Goldstein Joseph, *Mindfulness*, Ubaldini, Roma 2016.

Id., *Un solo Dharma*, Ubaldini, Roma 2003.

Gombrich Richard, *Il pensiero del Buddha*, Adelphi, Milano 2012.

Id., *How Buddhism Began*, Munshiram Manoharlal Publishers, Athlone 1996.

Han Byung-chul, *Filosofia del Buddhismo Zen*, Nottetempo, Milano 2017.

Hawking Stephen, *Le mie risposte alle grandi domande,* Rizzoli, Milano 2018.

Heidegger Martin, *Essere e Tempo*, Longanesi, Milano 1976.

Joko Beck Charlotte, *Zen quotidiano*, Ubaldini, Roma 1991.

Ead., *Niente di speciale*, Ubaldini, Roma 1994.

Jullien François, *L'identità culturale non esiste*, Einaudi, Torino 2018.

Kabat-Zinn Jon, *Dovunque tu vada ci sei già*, Tea, Milano 1994.

Kagge Erling, *Il silenzio*, Einaudi, Torino 2017.

Kornfield Jack, *Il cuore saggio*, Corbaccio, Milano 2012.

Laurent Éloi, *Mitologie economiche*, Neri Pozza, Vicenza 2017.

Lévinas Emmanuel - Peperzak Adriaan, *Etica come filosofia prima*, Guerini e Associati, Milano 2005.

Lombardo Angela, *La vita dolce*, De Agostini, Milano 2018.

Lucrezio Tito Caro, *La natura delle cose*, Feltrinelli, Milano 2015.

Marcolongo Andrea, *La lingua geniale. 9 ragioni per amare il greco*, Laterza, Roma-Bari 2016.

Mill John Stuart, *Saggio sulla libertà*, il Saggiatore, Milano 2014.

Montaigne Michel de, *Saggi*, Bompiani, Milano 2012.

Morin Edgar, *7 lezioni sul pensiero globale*, Raffaello Cortina Editore, Milano 2016.

Id., *I miei filosofi*, Erickson, Trento 2011.

Nhất Hạnh Thích, *Essere pace*, Ubaldini, Roma 1989.

Id., *Toccare la pace: la pratica dell'arte di vivere con consapevolezza*, Ubaldini, Roma 1994.

Id., *Il Segreto della pace*, Mondadori, Milano 2012.

Norman Kenneth Roy, *A Philological Approach to Buddhism, The Bukkyō Dendō Kyōkai Lectures*, The Institute Of Buddhist Studies, 1994.

Id., *Collected papers, vol. II*, Pali Texts Society, Melksham 2003.

Nussbaum Martha, *La speranza degli afflitti*, Centro editoriale dehoniano, Bologna 2016.

Ead., *L'intelligenza delle emozioni*, il Mulino, Bologna 2009.

Onfray Michel, *La potenza di esistere: manifesto edonista*, Tea, Milano 2011.

Id., *Cosmo: un'ontologia materialista*, Ponte alle Grazie, Milano 2015.

Id., *Nietzsche. La costruzione del superuomo*, Ponte alle Grazie, Milano 2014.

Id., *L'ordine libertario. Vita filosofica di Albert Camus*, Ponte alle Grazie, Milano 2013.

Id., *Il post anarchismo spiegato a mia nonna*, Elèuthera, Milano 2013.

Pema Chödrön, *Consigli a un guerriero compassionevole. Avere il coraggio del Buddha nelle avversità della vita*, Mondadori, Milano 2005.

Rāhula Walpola, *What the Buddha taught*, Gordon Fraser, 1967.

Rizzetto Diane Eshin, *Svegliati a ciò che fai! Una pratica zen per incontrare ogni situazione con intelligenza e compassione*, Ubaldini, Roma 2006.

Rovelli Carlo, *L'ordine del tempo*, Adelphi, Milano 2017.

Sujato Bhikkhu - Brahmali Bhikkhu, *The Authenticity of Early Buddhist Texts*, Chroniker Press, 2015.

Sumedho Achaan, *Il suono del silenzio*, Ubaldini, Roma 2008.
Surya Das (Lama), *L'arte di vivere il tempo presente*, Corbaccio, Milano 2018.
Suzuki Roshi Shunryu, *Mente zen, mente di principiante*, Ubaldini, Roma 1978.
Taylor Charles, *A Secular Age*, Harvard University Press, Cambridge 2007.
Thoreau Henry David, *Walden*, Feltrinelli, Milano 2005.
Wallis Glenn, *Bhavana: A Guide to Classical Buddhist Meditation*, 2009.
Warburton Nigel, *Breve storia della filosofia*, Salani, Firenze 2013.
Wittgenstein Ludwig, *Tractatus logico-philosophicus e Quaderni 1914-1916. Nuova edizione*, Einaudi, Torino 2009.

SITI UTILI

Stefano Davide Bettera Website, http://www.stefano-bettera.com

La pagina FB di Stefano Bettera, www.facebook.com/stefanobettera1

La pagina Instagram di Stefano Bettera, https://www.instagram.com/stefanobettera/

Sutta Central, www.suttacentral.net

Bodhi College, https://bodhi-college.org/it/

Finito di stampare nel mese di marzo 2019 presso
Grafica Veneta - via Malcanton, 2 - Trebaseleghe (PD)
Printed in Italy